Contes philosophiques
de la diversité

Groupe Eyrolles
61, bd Saint-Germain
75240 Paris Cedex 05

www.editions-eyrolles.com

Évelyne Lagardet - Michel Tubiana

Contes philosophiques
de la diversité

★

EYROLLES

MIROIR

Un jour viendra où, la mémoire absente,
Nous aurons oublié l'évocation lointaine
D'un temps où nous étions tous différents.

Quand nos miroirs refléteront une image identique,
Que nous nous confondrons en une ébauche unique,
L'autre ne fera plus partie de notre sphère,
Et les cultures auront disparu de la terre.
Les langues et leurs sonorités étranges,
Les nourritures multiples, leurs saveurs inquiétantes,
Les us et les coutumes, leur sens obscur et vain,
Toutes ces façons d'aimer, de vivre et de mourir,
N'écorcheront personne,
Ne mécontenteront.

Plus une ride au lac.
Tout est lisse.
Nulle dissemblance, aucun mystère.
L'homme est effacé de la terre.

Évelyne Lagardet

Le pays d'Anor

> *« La meilleure manière de rencontrer autrui,*
> *c'est de ne pas même remarquer la couleur de ses yeux ! »*
> Emmanuel Lévinas, *Éthique et infini*

Un tyran capricieux régnait jadis sur le pays d'Anor. Le bonheur de ses sujets constituait le cadet de ses soucis. Il était le centre. Dominé par ses pulsions, Normos[1] ne gouvernait que dans la démesure. Ses lubies ne le sauvaient pas de l'ennui que confère le pouvoir absolu. Rien ni personne n'osant lui résister, il était désespérément seul.

Hormis la haine qu'il vouait à son frère Théos[2], rien ne parvenait à donner quelque sens à sa vie. Nourri d'interprétations hostiles et de silences lourds, ce sentiment avait pris racine au cœur de leur enfance. Le couple royal en était la cause première. Quelle idée aussi de nommer leur second fils Théos ? Ce prénom divin qui élevait leur cadet à l'égal de Dieu avait été le premier indice

---

1. Normos : en grec, « norme ».
2. Théos : en grec, « dieu ».

d'une série funeste. Dès son arrivée au monde, Théos avait su provoquer les faveurs de ses parents. Sa présence les mettait en extase, ils s'émerveillaient de son corps potelé, de ses joues rebondies, de ses gazouillis enchanteurs. En retour, Normos n'essuyait que rebuffades. Le bonheur lui était interdit.

Tout à lui-même, comblé d'amour, Théos se laissait porter par le regard de ses parents. «Tu représentes exactement ce que nous attendions», renvoyait le beau miroir. Non seulement Théos n'imaginait pas les souffrances qu'il infligeait à son frère, mais bien pis, par son attitude satisfaite, il le narguait, le renvoyait de l'autre côté de l'humanité. Annulé par la jalousie, Normos se rêvait Autre.

Normos eut droit aux meilleurs maîtres. Ils lui enseignèrent l'histoire, les méandres du cœur humain, le maniement des armes, l'art de l'offensive. Lorsqu'il atteignit ses dix ans, on le confia à un expert en cynisme politique. Le vieil homme, helléniste confirmé et fervent sophiste, lui conta une légende qui se grava à jamais dans son esprit.

— Connais-tu l'histoire de Procuste[1] ?

— Pas encore, répondit Normos en se calant dans le trône serti de pierreries que l'on retaillait périodiquement au gré de sa stature.

―――――――――

1. Procuste : en grec, *prokroustes*, « qui tiraille ».

— Procuste était un bandit de grands chemins qui hantait la route qui va d'Éleusis à Athènes. Comme tu vas le voir, il avait un sens de l'hospitalité tout à fait particulier : la nuit venue, il offrait le gîte et le coucher aux voyageurs égarés…

— Piètre brigand ! interrompit Normos.

— Attends la suite… Deux lits meublaient son logis, l'un très long, l'autre très court. Si son hôte était trop grand pour le lit de petite taille, il lui sciait les jambes. Quant à ceux qui étaient trop petits, il les étirait jusqu'à ce qu'ils cadrent avec la couche.

Le pédagogue s'interrompit un instant pour mesurer l'impact de son histoire sur cet esprit encore malléable. Ce qu'il vit l'effraya : les prunelles de Normos avaient pris la couleur du sang, des mouvements incontrôlés agitaient ses mains, un séisme le soulevait. Incapable de calmer la tempête qu'il venait de déclencher, le précepteur s'empressa de conclure :

— Thésée fit subir à Procuste le même supplice et, pour lui donner la dimension adaptée, il lui trancha la tête.

Normos n'entendit pas la fin.

★ ★ ★

Cette éducation les modela l'un et l'autre. En grandissant, Théos conserva son heureux caractère. Un rien le réjouissait, il faisait résonner le palais de ses rires tonitruants, goûtait l'éternité de l'instant, se fondait dans la nature. D'instinct, il avait su parler aux plantes, aux animaux, prendre sa joie dans les éléments. Dans la mangrove, il dialoguait des heures durant avec les crabes lascifs, caressait leurs pattes orangées, flattait leur carapace bleue, comprenait le moindre de leurs regards humides. Il imitait le cri rauque des hérons gar-de-bœufs, provoquait leur vol en nuée blanche, rinçait des baies pour les ratons laveurs aux yeux maquillés de noir, jacassait sans fin avec les aras[1] violets. D'un mot, il déclenchait l'ouverture des coquillages fermés à double tour, faisait bâiller les huîtres nacrées. En signe d'amitié, les chatrous[2] mimaient la couleur de sa peau tendre.

Théos jouissait de tout : il léchait les feuilles salées des palétuviers avant qu'elles ne soient lavées par les pluies diluviennes, humait les exhalaisons de la terre, les effluves douçâtres des plages blondes. Lorsque son corps plantureux se glissait dans les ondes, tel un gigantesque poisson-globe, il effleurait délicatement les dessins mauresques des gorgones éventail, embrassait l'ombrelle des méduses translucides, faisait rebondir le bout de son nez sur celui des chirurgiens bleus[3].

Théos suscitait autour de lui l'amitié et l'amour. Il n'avait qu'à choisir. Dans son entourage, Mélie, la fille de leur

---

1. Ara : grand perroquet d'Amérique centrale et méridionale.
2. Chatrou : poulpe.
3. Chirurgien bleu : poisson des Caraïbes.

nourrice emportait ses faveurs. Elle l'accompagnait dans des jeux équivoques et puérils. La nuit, tous deux se plaisaient à guetter le crissement des bananes qui explosaient dans leur gousse ; feignant l'effroi, ils se jetaient dans les bras l'un de l'autre. «C'est l'ardeur tropicale !» balbutiaient-ils en éclatant de rire. Tapi dans l'obscurité, Normos les épiait pendant des heures. Cette volupté éveillait en lui des ondes de dépit féroce. D'où son frère tenait-il ces pouvoirs, cette joie incendiaire, alors que lui se morfondait dans des pensées ténébreuses ? Pourquoi n'éprouvait-il jamais ces bonheurs limpides, ce simple appétit de vivre ? Quant à Théos, il éprouvait envers son frère une indifférence blanche qui rendait son aîné quasiment invisible.

Avec le temps, Normos acquit la silhouette d'ombre d'un Giacometti et le profil d'un oiseau de proie. Au contraire, Théos atteignit une taille et un embonpoint hors normes. Un vrai gargantua qui transportait fièrement son ampleur. À chacun de ses pas, ses formes pleines épousaient ses mouvements. Il se sentait si bien dans son corps que, malgré son poids, il flottait en apesanteur. Aucun trouble particulier ne le touchait, mais doté d'une grande sensualité et d'un appétit d'ogre, il croquait la vie à pleines dents. Ses contours épanouis épousaient les formes de son caractère.

Le pire advint à l'adolescence. Un don découvert par hasard. Se croyant seul ce jour-là, Théos écoutait le chant des arbres. La tête dans les cimes, il se grisait de ciel bleuté et de nuages hybrides. Soudain, sa joie d'être surgit de sa poitrine. À son insu, une sonorité étrangère, féconde, aérienne, envahit la forêt dense. C'était lui qui chantait. Cette tessiture d'une étendue incroyable, ce timbre velouté, puissant, qui faisait taire le concert des grillons, des grenouilles, jusqu'au ruissellement des eaux, émanait bien de lui. Comme dans un conte, face à tant de beauté, le temps suspendit son cours. Les mangoustes, le museau à l'affût, se dressèrent sur leurs pattes de derrière, les colibris cessèrent leur surplace effréné. Étonné, Théos reprit en déplaçant sa voix depuis un grave somptueux jusqu'à un sommet d'une éblouissante coloration. Un chant métaphysique et charnel, une plénitude. Enraciné dans le sol, il puisait le son à même la terre. L'énergie matrice montait de son ventre, s'amplifiait dans son thorax, se parfaisait dans sa bouche arrondie. Son corps devenait un espace immense, un nouvel instrument, dont il jouait d'instinct.

À cette écoute, une chaleur communicative s'empara de Normos. Le souffle vital qui provenait de cette carcasse de géant, ces émotions offertes, cette jouissance impudique, tout lui était jeté en pleine figure. Caché derrière les racines minérales d'un fromager, porté malgré lui vers le zénith, il respirait au large, pour la première fois. Mais en même temps que cette magie se produisait en lui, il réalisait l'ampleur de son drame. Théos en était le seul responsable. Depuis le premier jour, tout était de sa faute. Il avait commencé par lui voler l'amour de ses parents, puis l'insouciance, la complicité avec Mélie. Au nom de quoi méritait-il cet amour plus que lui? Pourquoi la jeune fille ne lui accordait-elle pas le moindre regard? Il n'en pouvait plus de cette transparence.

Le miracle auquel il assistait à présent dépassait les bornes du supportable. Les résonances divines qui naissaient de la poitrine de Théos vibraient à l'unisson du monde. Une transcendance démoniaque. Auprès de ce frère doté de telles dispositions, Normos se sentait vidé de toute substance. Un mort vivant. Quelles fées maléfiques s'étaient penchées sur leurs berceaux, pour tout donner à l'un sans rien laisser à l'autre?

Submergé par des flots de haine, Théos tentait de se reprendre. Il devait réfléchir. Comment cet individu grotesque parvenait-il à réaliser un tel prodige? Une voix céleste dans une enveloppe aussi absurde, comment était-ce possible? Un tel talent ne pouvait provenir que d'une anomalie de la nature. Il lui fallait comprendre. En l'interrogeant habilement, il finirait bien par percer son secret.

— Comment as-tu fait cela? questionna-t-il.

— De quoi parles-tu?

— Pour sortir ces sonorités, à la limite de l'humain… Comment t'y es-tu pris?

— C'est venu tout seul.

— Impossible… C'était… C'était surnaturel…

— Je ne sais pas, moi.

— Ou alors… Si je comprends bien… Vous, les Gros, vous n'êtes pas comme les autres.

— Comment cela, pas comme les autres ?

— C'est votre corpulence… Elle vous donne des pouvoirs différents !

— Tu dis n'importe quoi, répliqua Théos en éclatant de rire.

— Non ! Je l'ai bien remarqué. Quoi qu'il arrive, vous les Gros, vous vous en sortez toujours…

— Crois-tu ? ironisa Théos. Ou alors, c'est notre bonne étoile.

— Toi et tous ceux de ton espèce, je vous aurai ! Je briserai votre maudite étoile ! fulmina Normos en tournant les talons.

★ ★ ★

Ah ! Il les détestait tous. Il se détestait lui-même, avec sa voix de fausset, ses formes en angles vifs, taillées dans un granit impénétrable, sa peau collée aux os. Pourquoi n'était-il pas doté de ces moelleuses rondeurs qui déclenchaient la tendresse ? Ce frère qui lui avait tout pris, il allait s'en venger.

Il fit assassiner ses deux parents sur-le-champ. Après tout, c'étaient eux les premiers coupables. Puis il condamna à mort l'homme de main qui avait accompli la besogne. L'exécution se déroula en place publique. Fasciné et terrifié, le peuple ne dit mot. Accablé de douleur, Théos oublia pour un temps de rire et de chanter.

Comblés par une nature luxuriante, délaissés depuis des décennies par des souverains plus préoccupés d'eux-mêmes que de leurs sujets, les Anoriens avaient jusqu'alors coulé des jours heureux. Ils vivaient au milieu de forêts de jade aux feuilles luisantes, sur un territoire veiné de sources chaudes, de cours d'eau transparents, de cascades fraîches qui éclosaient dans des bassins calmes. Il leur suffisait de tendre la main pour ramasser des ignames, des choux, des patates douces, qu'ils accommodaient de savantes façons. Les manguiers, avocatiers, bananiers, poussaient à profusion. Leurs mers poissonneuses offraient des espèces multiples aux couleurs confondantes ; des épices rares rehaussaient leurs plats. Aucun animal venimeux pour troubler cet ordre. Les quimboiseurs[1] et les magnétiseurs détenaient les secrets des simples[2] qui soignent les maladies, et c'est en pleine santé que les vieux Anoriens rejoignaient les lagons éternels.

La douceur du caractère des Anoriens faisait écho à la profusion de cet éden. Ils pensaient que leurs ressources

---

1. Quimboiseur : sorcier.
2. Simples : plantes n'ayant subi aucune préparation, utilisées pour leurs vertus curatives.

ne tariraient jamais et en tiraient une paisible assurance, une bienveillance à toute épreuve.

Pourtant, une terrible période de sécheresse s'abattit subitement sur le pays. La population, d'abord confiante, finit par s'inquiéter. Les sources asséchées, les arbres rabougris, les poissons ventre à l'air eurent bientôt raison de l'insouciance légendaire des autochtones. Désespérés, ils se mirent à prier les dieux qui gouvernent les ondes, puis le Dieu Inconnu qui régit l'univers. Comme rien ne changeait, ils cherchèrent des solutiologues de tous bords. Certains ne juraient que par la raison, d'autres par la superstition. Tous réclamaient beaucoup d'argent pour trouver la solution. Les uns firent de savants calculs, les autres implorèrent les cieux. Rien ne changea.

Alors le peuple s'en prit à Normos. Le tyran n'avait-il pas sur les mains le sang de ses parents ? C'était peut-être lui qui attirait les foudres divines. Et puis, qu'avait-il fait pour eux depuis le début de son règne ? Tout cela ne se serait jamais produit du temps du roi et de la reine. Rompu aux stratégies du pouvoir, Normos comprit immédiatement qu'il lui faudrait trouver quelque bouc émissaire s'il voulait rester en place. Il fit alors procéder à un vote qui portait sur une unique question : « Êtes-vous prêts à toutes les mesures qui s'imposent pour en finir avec la sécheresse ? »

Lorsque les Anoriens eurent massivement donné leur assentiment, Normos procéda à un recensement national.

Des statistiques identitaires établies à partir de critères pondéraux devaient permettre à chacun de se classer dans l'une des trois catégories : Maigre, Normal, Gros. Un bataillon d'agents assermentés fut chargé de relever les données. Pour le bien du pays, la santé publique, la lutte contre les discriminations, l'égalité des chances, il fallait agir vite. Pour endiguer un tel manque d'eau, chacun devait y mettre du sien. Ils obéirent.

Sur la place publique, dans le plus grand apparat, Normos dévoila au peuple silencieux et confiant les résultats de son enquête. La conclusion était simple : les Gros étaient les seuls responsables de cette situation déplorable. On avait même affaire à un fléau national, une pandémie. Le mystère et l'évidence ne faisant qu'un, chacun le crut. Du reste, les données scientifiques prouvaient que la corpulence avait une influence néfaste sur le climat. Au nom de l'intérêt général, chacun se fit un devoir de signer un pacte pour l'amaigrissement. Tout ce qui évoquait la rondeur serait désormais éliminé de ce pays.

Lors d'un conseil mémorable, Normos imposa ses premières ordonnances à ses deux ministres réunis.

— Pour commencer, nous ferons disparaître les fruits et les légumes ventrus. Ensuite, nous abattrons les arbres dont les feuilles suggèrent la moindre sphéricité.

— Mais Sire, ce sont des espèces rares plantées par vos aïeux, osa répondre le plus rond.

— Elles seront supprimées, et toi avec. Comme tout ce qui n'entre pas dans les normes longilignes.

— Que planterons-nous à la place ? balbutia le second, tandis qu'on menait son collègue à l'échafaud.

— Je veux des ifs taillés pointus, des peupliers élancés.

— Ils seront incapables de s'acclimater à nos chaleurs humides.

— Nous forcerons la nature…

— Elle résistera d'une manière ou d'une autre.

— À moi, rien ne résiste ! Tiens-toi-le pour dit. Du reste, nous aurons le ciel avec nous.

— Et comment vous y prendrez-vous ?

— Cent vierges filiformes célébreront le culte de la minceur. La pureté de leur chant fera plier les dieux.

— Vos désirs sont des ordres.

— Ah oui ? Et comment écris-tu donc « désordre » ? interrogea Normos en lui jetant un regard oblique.

— Selon votre bon vouloir, conclut le servile.
Cette réponse lui valut la vie sauve.

★ ★ ★

Les rites des Anoriens se transformèrent du tout au tout. Les jours de fêtes, les vestales chantaient des hymnes aux poissons plats comme des microsillons[1],

____

1. Microsillon : encore appelé galette, disque vinyle (33 et 45 tours par minute) dont le sillon en spirale est très petit.

dont le regard fourbe, la bouche amère de lord anglais, les reflets aluminés, étaient devenus le symbole de la beauté. On changea les critères esthétiques, les croyances, les valeurs, et même les savoirs.

— Les anciens savants se sont trompés, décréta un jour Normos au dernier ministre qui n'avait pas encore été exécuté.

— La science a toujours été inférieure à la politique, répondit gravement le conseiller.

— La terre est plate comme la surface d'un lac.

— C'est confirmé par la vue, Sire.

— La gravitation est une hérésie.

— Qui ne vous donnerait pas raison ?

— Dorénavant, ceux qui accréditeront des thèses interdites mourront sur le billot.

Pour faire revenir la pluie, on fit des processions et des prières publiques selon les nouveaux usages. Mais rien n'y fit. La majorité des Anoriens fondit à vue d'œil, mais le corps de certains, comme si une force secrète les habitait, se refusa à toute tentative de réduction. Théos faisait partie de ceux-là. Non seulement il continua de se déployer, mais face à l'invraisemblance de ces mesures, son humour reprit le dessus. Il retrouva ses gigantesques rires, sa voracité bienveillante, et se remit à chanter pour les Anoriens afin de les arracher à leur désespoir.

Il devint encore plus populaire. Non seulement il n'avait pas peur, mais il narguait ouvertement le despote. Pire que tout, il se revendiquait Gros. Hors de lui, Normos fit quérir son frère sur-le-champ :

— As-tu déjà entendu parler de Procuste ? interrogea-t-il avec un sourire en lame de couteau.

— Non. Qui est-ce ?

— C'était un homme qui avait un grand sens de l'hospitalité.

— Je ne vois rien à y redire.

Lorsque Théos eut entendu l'histoire, il comprit que le pire était à venir.

La folie normative qui s'était emparée du tyran gagna bientôt tout le pays. Il commença par s'attaquer aux mentalités. Une belle campagne d'éducation n'était-elle pas le meilleur vecteur pour faire comprendre que se sustenter constituait un enjeu politique majeur ? Des caricatures stigmatisant un bonhomme Michelin boudiné, joues gonflées, repoussant les nuages de son souffle puissant, inondèrent bientôt le pays. Puis les idéologues du « manger droit » établirent un ordre nouveau. Ils instituèrent d'abord des groupes de parole. Soutenus par leurs congénères, les adeptes pouvaient y confesser publiquement leurs plaisirs gustatifs, les abjurer, s'engager dans la voie de l'alimentation juste qui dénie cœur et ventre. La nourriture devint une activité rationnelle.

Des épidémiologistes réduisirent le temps des repas, ils proscrirent les tables familiales, les étals de nourritures. Chaque lundi, des pesées en place publique sur des balances parlantes annonçaient par haut-parleur le poids de ceux qui restaient anormaux. Sous les railleries et les quolibets de la foule, les coupables défilaient sur un podium trop léger qui finissait par s'écrouler. Le regard porté sur eux, bien plus lourd que leur pesanteur, les transperçait. Ils étaient devenus des gens de trop. On cessa de leur confectionner des vêtements adaptés. Ils devaient se procurer des nippes informes au marché noir, à des prix de *gros*. Certains continuant de se nourrir en cachette, on instaura un système de récompenses pour les délateurs. L'aveu de goinfrerie devint valeur nationale.

★ ★ ★

La plupart se conformèrent à l'ordre établi, mais certains résistèrent. Théos faisait partie de ceux-là. Son teint pâlit, son regard s'approfondit, mais sa voix demeura un cristal. Pire, elle se mit à exprimer toute la palette des émotions avec une telle âme que Normos lui-même s'en trouva bouleversé.

Furieux d'éprouver de tels sentiments, le tyran décida alors que les garde-manger seraient munis de capteurs électriques. Des décharges bien senties finiraient par décourager les plus coriaces. On leur octroya des appartements, des lits, des chaises minuscules. On réduisit l'encadrement des portes. Ils payèrent double place dans les transports publics. Ils virent leur emploi et leurs biens confisqués au

21

profit du secours national. Pour les réduire, une imagination sans borne se mit au service du pouvoir. Travaillée par une propagande incessante, la foule exsangue les accusait d'être paresseux, stupides, laids, menteurs, fraudeurs et par-dessus tout, empêcheurs de pluie.

Désormais, les Anoriens se plaisaient à compter leurs côtes, à examiner leurs hanches et leurs pommettes saillantes, leurs mains d'opale. Peu à peu, leur appétit se perdit dans les limbes de l'oubli. Toute subsistance devint source d'angoisse, de salissure. Une lenteur vénéneuse rigidifia leurs gestes, un froid intérieur les enferma dans un hiver insondable. L'anorexie était devenue reine.

Comme une minorité s'insurgeait encore, Normos eut l'idée géniale d'instaurer la pêche au Gros. Une sorte de pêche miraculeuse qui se pratiquait de bon matin, avec des pistolets de mer, des harpons et des filins de nylon capables d'entortiller les plus récalcitrants. Les captifs étaient enfermés dans des camps de dégraissement dont ils ressortaient filiformes et silencieux. Des bruits couraient à propos d'effroyables tortures : anneaux menottant l'œsophage, intestins coupés, estomacs réduits.

Pour échapper à ces supplices, ils se cachaient comme ils pouvaient auprès des rares amis restés fidèles. Théos auprès de Mélie et de sa mère. Cependant la délation devint bientôt obligatoire ; la protection, délit d'humanité. Il fallut même signaler les ex-Gros. Les moins peureux dénoncèrent d'abord les morts, mais les menaces sur leurs familles finirent par avoir raison d'eux. Soumis à des quotas, persuadés de la culpabilité des accusés, les policiers devinrent féroces. Mais la sécheresse frappait toujours le royaume d'Anor. Chassés aux frontières, ville par ville, rue par rue, maison par maison, les indésirables furent exilés dans la partie volcanique du pays.

Par une nuit de lune noire, Théos vint faire ses adieux à Mélie. À force de privations, elle s'était mise à considérer la nourriture comme une déviation. Une forteresse intérieure la claustrait au cœur de ses ténèbres. Absente à elle-même, elle était devenue une ombre.

— Un jour viendra, un jour de joie, où je te ferai des enfants qui auront les couleurs et les formes du monde, lui promit-il.

Elle s'engouffra dans ses bras, dans les doux replis de son corps, dans la chaleur vivante qui émanait de tout son être.

— Reviendras-tu un jour ? murmura-t-elle dans un souffle. Sais-tu seulement que Normos me veut ?

* * *

Désormais, la race des Gros n'était plus visible. Pour fêter cette victoire, Normos fit entreprendre des travaux pharaoniques. Empruntée par lui seul, une autoroute qui ne conduisait nulle part, dessina bientôt ses étonnants contours. Une sorte de manège géant qui faisait le tour de la propriété royale, une revanche définitive sur les vexations de l'enfance.

Chaque jour, à l'heure du zénith, sous des éclats d'une fanfare métallique, Normos paradait debout, bras au ciel, dans une limousine sans fin. Une immense traîne d'hermine terminée en queue de pie, tombait majestueusement de ses épaules. Sertie de plumes d'oiseau de feu et alourdie de diamants gros comme des œufs de pigeon, elle s'étendait sur toute la longueur de la voiture. En réponse aux saluts triomphants du despote, la foule épuisée faisait la claque et clamait en chœur des vivats étouffés. On distribua bientôt des micros pour amplifier les voix affaiblies, puis on grava des acclamations sur une bande sonore qui passait en boucle.

Pris de vertiges, les oreilles bourdonnantes, les adulateurs translucides expiraient tour à tour. Des préposés les évacuaient et les remplaçaient sans relâche par leurs analogues afin de ne pas clairsemer les rangs. Le but était atteint : fondus dans l'ordre établi, les Anoriens étaient devenus interchangeables, assimilés, conformes.

À l'extérieur, Normos exultait, mais en lui-même il ne trouvait pas la paix, encore moins le bonheur. Au contraire, exclu de l'humanité, il se détruisait chaque jour davantage. Étrangement, une douleur brûlante, impossible à apprivoiser, accompagnait chacune de ses victoires. Ravagé par la haine, il avait perdu toute lucidité et se tailladait aux barbelés de sa propre folie. Les murs de sa prison intérieure atteignaient désormais le ciel désespérément sec.

Réfugiés près du dôme du volcan, les parias vivaient aux portes de l'enfer. Le cratère sans fond qui laissait échapper ses fumerolles blanches répandait alentour une violente odeur d'œuf pourri. Un silence de mort, syncopé par les ronflements des entrailles de la terre, achevait ce paysage lunaire.

Ils réussirent pourtant à apprivoiser cette nature hostile. Ses brusques changements, ses vents redoutables, ses ressources insolites, devinrent leur familier. Ils apprirent à s'étriller avec du thym des hauteurs pour dissiper l'odeur de soufre qui s'accrochait à eux, à se nourrir de myrtilles noires ou de framboises charnues, à se désaltérer en pressant les sphaignes gorgées d'eau.

Dans ses moments de désespoir, s'approchant de l'extrême bord du gouffre, Théos lançait des roches brûlées dans les crevasses et attendait la résonance de leur chute lointaine. Comme jadis Empédocle[1], il aurait voulu s'abîmer dans l'univers. Mais à l'ultime instant, une force de vie le retenait.

---

1. Empédocle : philosophe présocratique. On raconte qu'à la fin de sa vie, il se serait jeté dans l'Etna (il accordait une grande importance aux éléments et particulièrement au feu). Le volcan, dit-on, aurait rejeté ses sandales d'airain…

Les exclus finirent par organiser un mouvement de résistance. Par un jour d'alizé, porté par la voix sublime de Théos le chant des révoltés parvint jusqu'aux oreilles des Anoriens. Par des mots simples, l'hymne dénonçait l'intégrisme de la minceur, les normes et les discriminations. Il clamait le droit de vivre sans être pourchassé, de se faire accepter tel qu'on était dans un monde de tolérance et d'intelligence où chacun avait droit à sa différence.

Ces paroles transportèrent Normos au paroxysme de la fureur. À ses yeux, cette opposition pacifique était pire que la guerre. Il fallait en finir. Pour toucher au cœur, il arrêta un terrible décret : dorénavant, les Gros seraient privés d'identité. Sans nom et sans patrie, frappés d'ostracisme, oseraient-ils encore prétendre à quelque droit humain ?

Pour sceller cette future victoire, il annonça sur-le-champ ses épousailles avec Mélie. Les cloches sonnant à toute volée se chargeraient de porter la nouvelle à Théos et l'achèveraient à coup sûr. Alors, il serait libéré.

★ ★ ★

Le jour des noces, la mariée blanche comme sa robe fut exhibée en place publique sur une civière de dentelle. Elle avait perdu jusqu'au pouvoir de son corps. Dans un silence profond, la foule noire attendait le consentement de la belle. Une expiration suffisait. C'est alors que, contre toute attente, des sonorités étranges s'exhalèrent de ses lèvres. Une complainte inconnue, dont les aigus inhumains souffraient sans se briser. Un chant du cygne, sublime et mortel. Soudain, la voix de Théos, lumineuse, indescriptible, s'éleva du fond de la montagne pour se joindre à la sienne. Tendres, fragiles, pleines de sens, les sonorités solaires s'entrelaçaient sans se confondre jusqu'à transpercer l'éther.

À ce moment, le feu versatile qui couvait sous la terre déclencha une terrible explosion. Le ciel s'embrasa soudain comme du fer chauffé au rouge, des jets de vapeur, de poussière et de cendres furent projetés dans les airs avec une violence inouïe. Comme le volcan se mettait à vomir des blocs d'andésite[1] et des coulées de boue, les Anoriens se jetèrent face contre terre en psalmodiant leurs prières. À cet instant, un plafond de nuages noirs enferma le pays d'Anor dans une nuit insondable, une vague haute comme une église entra dans les terres, des pluies diluviennes s'abattirent. Entre rires et larmes, les joues ruisselantes, les Anoriens relevèrent la tête comme pour la première fois.

C'est alors que l'impossible se produisit. Les feuilles des arbres reformèrent soudain leur toit de verdure, les sources reprirent leur chant harmonieux, l'énergie vitale

___
1. Andésite : sorte de lave.

qui dormait sous les cendres ressurgit de plus belle. Une profusion originaire reprit possession de la nature. L'ordre ancien était revenu.

Jusque-là, Normos avait gardé son calme. Lorsqu'il vit les spirales nuageuses fondre sur lui, une panique atroce le saisit. « Pendez-vous à mes pieds, lestez-moi ! » hurla-t-il à ses proches. Les vierges filiformes, les courtisans, les ramasseurs de cadavres s'accrochèrent à ses basques, mais ils ne faisaient pas le poids. Suivi de cette étrange traîne humaine, soulevé comme un fétu de paille, Normos fut happé par la trombe. Au-dessus du volcan, la poussière de lave qui recouvrait le dôme lui laissa deviner des assemblages insolites. Lorsqu'elle se pulvérisa, il prit conscience de sa fin proche. Dans l'œil du cyclone, le Dieu Inconnu l'attendait. Composé des formes et des couleurs de tous les hommes réunis, il rassemblait les contraires. Normos comprit trop tard que les différences humaines étaient richesse, complétude et mystère.

★ ★ ★

L'île aux Terriens

> *« Je ne sais pas avec quelles armes*
> *sera menée la troisième guerre mondiale,*
> *mais je sais que la quatrième le sera*
> *avec des bâtons et des pierres. »*
> Albert Einstein

Le corps ployé vers le sol, Tildé piochait la terre. Chaque coup frappé à toute volée germait du plus profond de son être. Indifférente à la soif qui la tenaillait, au soleil de plomb qui attaquait sa nuque, à la touffeur humide qui montait des champs, elle travaillait. Malgré les vibrations de chaleur qui faisaient onduler les lignes du paysage, elle y mettait toute son âme.

Tildé essayait de ne penser à rien sauf à son rendement, à sa juste place au sein de la communauté des Féminines, à la mer tout autour. Elle se redressa vivement, mit ses doigts en visière pour mieux scruter l'horizon métallique, n'aperçut que des eaux sombres. Pas un signe humain pour apaiser le regard. Un abandon épouvantable. Les vagues carnassières se roulaient aux pieds des falaises pour les embrasser dans un baiser de dévoration ultime. L'encerclement marquait la victoire des flots. Une destruction sourde. Irréversible. Des pans entiers effondrés au matin. C'est sur ce territoire chaque jour resserré, que les Terriennes poursuivaient leur existence de fourmis. Une sourde existence, à huis clos sur la peau de chagrin du monde.

Une angoisse lancinante étreignit soudain le cœur de Tildé. Combien de temps l'îlot résisterait-il ? Où se réfugieraient-elles lorsque les ondes amères auraient tout englouti ? Et puis surtout, la question du sens. Vaine. Obsédante. À quoi bon ces temps sans lendemain ? Cette vie faite d'instants successifs, sans lien ni but ? Un état presque animal. Tildé savait bien qu'elle n'aurait jamais dû se poser ce genre de questions, mais elle était incapable de faire autrement. Elle aurait tant aimé ressembler aux autres Terriennes. Des êtres vides, sans interrogation, sans murmure, qui marchaient, parlaient, vaquaient, en restant endormis. Des ombres lisses qui accomplissaient leur destin sans jamais pressentir les tourments de l'éveil. Un peuple entier devenu somnambule, mû par une agitation automatique, la clé de sa survie. En somme, l'île était habitée, mais déserte à sa manière.

Une île comme un radeau – le dernier point d'ancrage.

Tildé s'apprêtait à relever sa pioche lorsqu'un reflet étincelant interrompit son geste. Intriguée, la jeune fille se redressa, s'essuya le front du revers de la main, plissa ses yeux blessés par la lumière. Tildé avait toujours aimé le contact charnel de la Terre, ses pulsations intimes. Après un temps d'hésitation, elle s'accroupit avec la souplesse d'un félin, puis lentement, entreprit une fouille à mains nues.

Ce matin-là, on lui avait ordonné de préparer une parcelle à l'extrémité de la grande muraille, celle qui divisait la plaine exactement en deux. Chaque partie s'ouvrait sur la mer et se fermait sur la montagne. L'autre côté du mur, caché aux regards, interdit aux pensées, relevait de la fantasmagorie ou du néant, selon les tempéraments.

Ses deux mères lui avaient raconté d'étranges légendes à propos de cette frontière. Les fondations, disaient-elles, recelaient des objets aux pouvoirs maléfiques. Malheur à celles qui les dénichaient. Elles ne pouvaient résister longtemps à leurs chants de sirènes. Même les meilleures d'entre elles, les plus disciplinées, finissaient par succomber. Sous le coup d'un envoûtement irrépressible, elles sombraient dans un univers hallucinant. Le doute, la critique, et autres poisons de la pensée, s'emparaient alors de leur esprit dément. Incapables de lutter, les déviantes s'enfonçaient dans la révolte. En proie à l'altruisme et à la compassion, elles commettaient les fautes les plus graves. Abandonnant tout principe décent, elles tendaient la main aux plus déshéritées, dénonçaient les discriminations, l'injustice des castes. Des utopistes dangereuses qui allaient jusqu'à prôner la citoyenneté et même l'universalité. En place publique, elles se lançaient dans des diatribes sur la liberté, l'égalité, et pis que tout, la fraternité. Comme si un tel sentiment eut jamais droit de cité. Elles osaient même affirmer que les Terriennes étaient des Hommes, avec des droits, alors que ce mot et toutes les sonorités en «-om» étaient prohibés. Autant de termes incompréhensibles auxquels les agitatrices ajoutaient une autre invention grotesque : l'existence d'une autre sexualité ! Un sexe, aux formes complémentaires, aux épaules puissantes, au plaisir différent, aurait existé. Une espèce qui serait partie intégrante du genre humain ! Ces divagations faisaient tomber les renégates sous le coup du plus grave des délits : le délit d'humanité. Leur folie furieuse ne faisait que précéder leur disparition définitive. Ensuite, les autres Terriennes avaient le devoir d'oublier jusqu'à leur souvenir.

Tildé dégagea l'objet avec mille précautions. C'était un coffret en or serti de rubis et de turquoises. Elle le contempla, le reposa, le saisit de nouveau. Quels secrets cet écrin pouvait-il renfermer ? Lorsque la curiosité l'eut emporté sur la frayeur, la serrure sauta prestement entre ses doigts. L'intérieur était composé de trois compartiments cloisonnés, l'un contenait une poudre brune, l'autre quelques graines inconnues, le dernier un rouleau de soie bruissante.

Tildé fit rouler les semences anciennes entre ses paumes, elle les respira profondément, ferma les yeux. Une fragrance indicible toucha une zone inconnue de sa conscience. Quels commencements renfermaient ces graines minuscules ? « Ce qui vient de la Terre ne peut être mauvais », pensa-t-elle à haute voix. Elle enfouit les germes à la hâte, ne s'aperçut pas que le vent en emportait quelques-uns vers le côté tabou, songea à ses mères. Elles n'auraient certes pas approuvé le geste qu'elle était en train d'accomplir. Sur l'île aux Terriens, nul n'avait intérêt à enfreindre les lois. Mais en elle, la curiosité, le désir de transgression, l'avaient toujours emporté sur le devoir d'obéissance. Elle s'empara du rouleau de soie, l'étala avec précaution. Ce qu'elle y découvrit la jeta dans le plus profond désarroi.

Un être à trois visages, nuit, doré, ocre, s'unissait à une femme en extase. Une union d'une intimité originaire. Jamais Tildé n'avait vu un tel individu ni de telles carnations. Celle de ses semblables, indescriptible, mêlait ces trois teintes. Dans leur contrée, seule la pigmentation de l'iris, jamais celle de la peau, permettait d'établir des ségrégations sociales. Terrifiée, Tildé détourna son regard. Et si la seule vision de ce spectacle suffisait à l'ensorceler ? Elle attendit que l'afflux de ses émotions se calme et revint à la scène primitive. Si l'androïde montrait quelques ressemblances avec les Féminines, il dévoilait aussi des différences surprenantes. La force protectrice qui émanait de sa personne, son regard maîtrisé, tranchaient avec la gracilité et l'abandon de sa compagne. Une Féminine en tout point semblable à Tildé, dont les courbes douces, toutes en vallons et en collines, évoquaient le signe du même nom. Les mélodieuses rondeurs de la jeune fille contrastaient avec la virilité de la créature. Étroitement imbriqué, le couple qui semblait danser, rayonnait de plaisir amoureux. Bouleversée par sa découverte, Tildé se jeta sur le sol. C'en était trop. Elle ferma les yeux pour mieux se représenter ce qu'elle venait de voir. Ainsi, un autre sexe aurait bel et bien existé ? L'hétérosexualité aurait réellement fait partie de la nature humaine ? L'attirant vers l'infini, cette révélation éveilla en elle un immense désir d'altérité. Quelle spirale ignorée l'emportait dans ses volutes ? Que signifiait tout cela ? S'agissait-il de ces absurdités dont parlaient les Hallucinées ? Ses parents l'avaient pourtant bien mise en garde.

Pourtant, le pire n'était pas là. Le pire, c'était la part d'ombre qu'elle discernait à présent en elle. La *thangka*[1] lui révélait ses attirances profondes pour l'autre genre. Cette évidence faisait tout voler en éclats. Un gouffre l'habitait.

---

1. *Thangka* (culture tibétaine) : littéralement, «objet qu'on déroule»; images sacrées peintes ou brodées sur un rouleau de tissu.

Dans leurs normes, les Féminines se retrouvaient en leurs compagnes comme en un miroir, et cette analogie les comblait. Mais Tildé n'avait pas la même identité. À présent, elle réalisait qu'elle ne parviendrait à la plénitude qu'auprès d'un sexe différent. Et ce mystère, tout en la marginalisant, la faisait exploser de joie. Elle se voyait clairement à la place de cette femme, dans les bras de cet être magnétique. Une image éblouissante. Aucune honte. De la peur seulement. À l'idée de l'inconnu. Des réactions de son entourage. Désormais, Tildé n'était plus en mesure de nier sa propre vérité. Elle était une déviante. Une pervertie, condamnée à la solitude, au harcèlement, à la mort certaine. Sa différence était coupable.

Le gong des Maîtresses de l'Eau suspendit le cours de ses pensées. Pas question de manquer l'unique distribution quotidienne. Elle enterra prestement le coffret, disposa un cercle de cailloux clairs pour marquer l'emplacement de son trésor, se dirigea d'un pas ferme vers le village.

★ ★ ★

Comme toutes les Féminines, Tildé avait été trouvée un matin devant la porte de ses mères. Lorsqu'une adulte disparaissait, une enfant parfaitement saine la remplaçait. On ignorait la façon dont les fillettes étaient conçues, on savait juste qu'elles arrivaient des hauteurs, déposées par une main mystérieuse, pendant le couvre-feu. Dans ce monde rétréci, l'eugénisme faisait partie de la politique de survie. Pendant longtemps, le nombre des habitantes était resté immobile. Mais à présent, la natalité reculait au rythme de la régression du sol. Un déclin irréversible dont nul ne présumait la cause.

Tildé avait été attribuée à ses parents, Argile et Sienne, par un beau matin de récoltes. Les deux femmes s'étaient réjouies de cette arrivée au-delà de tout. Dans leur société, les couples étaient désignés à l'avance. Chacune s'en accommodait. Argile et Sienne ne s'étaient pas plus choisies que les autres, mais pour elles, le destin avait bien fait les choses. Dès le premier regard, les deux femmes avaient su. D'emblée, leur désir s'était ancré dans les racines de leur cœur. Elles s'étaient aimées d'un sentiment premier. Assemblées par-delà le passé, elles s'étaient retrouvées. Ensemble, elles avaient vécu les terreurs de l'absence, les merveilles de l'intimité, le trop-plein de bonheur qui fait déborder l'âme. L'excès de l'amour.

Tildé avait grandi sous le dais de cette union. Protégée. Malgré l'environnement hostile, les pétales de sa personnalité s'étaient déployés un à un, jusqu'à former une corolle unique. Tout en prenant le meilleur de celles qui l'avaient élevée, elle était devenue elle-même. Tildé. Du reste, comme tous les Gens de la Terre, dont les trois femmes faisaient partie, elle avait des pupilles noires de café, un regard intérieur chargé de connaissance secrète, le sens des travaux et des jours. C'est justement sur ce critère, la couleur des yeux, que les bébés étaient distribués dans les différentes classes qui constituaient leur petite communauté. Malgré ces différences, toutes les Terriennes gardaient un point commun. Leurs pupilles phosphorescentes leur permettaient de transpercer l'épaisseur des nuits, les brouillards de pollution, les déluges de pluies acides. Pour le reste, leur société en escalier, ouvertement discriminante, les rangeait d'emblée dans une case inamovible. Chaque groupe chargé de subvenir à une catégorie de besoins vitaux, accomplissait une tâche programmée. Dans ce monde, l'ordre régnait. Ou plutôt, là régnait un ordre.

Les Yeux Noirs, plus nombreuses, constituaient la caste des inférieures. Elles vaquaient aux occupations agricoles, aux récoltes et aux troupeaux. Leur fonction de nourricières leur permettait de mieux assurer leur propre subsistance en gardant pour elles les surplus. Et l'avantage n'était pas mince. Les aliments étaient si rares. Les Yeux Verts assuraient les travaux de la mer, l'entretien des côtes et la faune marine. Une tâche titanesque qui leur valait la considération générale. Quant aux Yeux Bleus, l'élite, elles régentaient l'eau douce de la vie. Leur rareté leur conférait des droits spécifiques. Boire jusqu'à plus soif, se laver parfois, changer de pagne. Les Yeux

Pers, inclassables, étaient assignées à la sécurité. Elles ne vivaient pas dans la plaine, mais au pied des montagnes, à la limite.

Entre ces catégories, pas le moindre passage, aucun métissage possible. Cette imperméabilité garantissait la paix aux Gens d'En Haut comme à ceux d'En Bas. Pas de mélange, pas d'échange, pas de transgression. En compensation, chacune avait sa place exacte, son rôle, ses menues prérogatives. Une sorte de dhimmitude[1] où chaque groupe payait son écho en échange d'une protection relative. Des droits concédés, jamais acquis. La servitude acceptée de sujets qui ne seront jamais citoyens. Dans cette société inégalitaire, la parole de deux Féminines aux Yeux noirs ne valait pas celle d'une seule aux Yeux bleus, mais chaque groupe trouvait un intérêt à son appartenance. Ces discriminations bien établies assuraient une paix d'apparence. Une tolérance d'écume. Mais de fait, en l'absence d'universel, le plus fort l'emportait.

Dans cette collectivité, les groupes ethniques, définis par la couleur des iris, perpétuaient une hérédité sociale. Ainsi, Argile et Sienne avaient transmis à Tildé tout ce

---

1. Dhimmitude : concept tiré de «dhimmi», individu non-musulman qui payait un impôt de capitation en échange d'une liberté de culte restreinte et d'une protection sous l'empire ottoman. Les dhimmis restaient inférieurs aux musulmans en termes sociaux et religieux.

qu'elles savaient mais aussi tout ce qu'elles ignoraient. Comment cultiver, récolter, s'occuper des troupeaux d'araignées ou de mille-pattes qui constituaient des mets pimentés. Comment cuire les aliments au sel marin puisque les brasiers étaient interdits. Elles lui avaient surtout appris à ne rien dédaigner. À demander pardon pour le moindre insecte écrasé pendant les travaux des champs, à chérir tout ce qui provenait de la Terre. Car pour les Terriennes, la nourriture et l'eau constituaient les seuls biens véritables. Elles avaient aussi enseigné à leur fille les contraintes et les tabous de leur société. Ne jamais faire de feu afin ne pas réchauffer l'atmosphère. Ne jamais braconner les rares oiseaux, réservés à l'oligarchie. Ne pas chercher à voir ce qui se passait en haut. Enfin, pour la protéger au-delà de leur vie, elles avaient tenté de l'initier aux noirceurs de l'âme humaine. En somme, elles s'étaient conduites comme de bons parents, vivant une homosexualité et une homoparentalité harmonieuses.

Tildé les comblait : elle apprenait avec une rapidité déconcertante, faisait résonner la maison de gaieté, les jumelait encore. Pourtant, elles s'aperçurent bien vite que leur petite avait une conduite inquiétante. Impossible de l'éduquer dans la stricte observance des lois de l'irréflexion. Au lieu d'obéir sans broncher, comme il aurait fallu, elle ne cessait de discuter, ne se contentait jamais des réponses établies, élaborait des raisonnements compliqués. Alors que les autres avaient endurci leurs oreilles, l'enfant semblait entendre une voix intérieure qui la poussait au mal.

Dans le couple parental, Sienne représentait plus l'amie que la mère. Argile exerçait une autorité plus classique. C'est elle qui essayait de calmer le flux incontrôlable des interrogations. L'affaire de « l'autre côté du mur » revenait sans cesse sur le tapis.

— Qu'y a-t-il derrière le mur ? Réponds-moi ! Mais réponds donc ! trépignait Tildé.

— Pour la centième fois ! C'est une question interdite.

— D'accord, mais entre nous, tu peux me le dire. On entend parfois monter des voix graves, des rires comme des chansons, des bruits de travail.

— Il n'y a rien ou alors…

— Alors quoi ?

— Ou alors, ce sont des androïdes dangereux.

— Toi et Sienne, vous avez escaladé pour voir ?

— Celles qui l'ont fait n'en sont jamais revenues.

— Dans ce cas, comment peux-tu dire qu'il n'y a rien ?

— Si on t'entend tenir ce genre de propos, tu ne vivras pas longtemps ! prévenait Argile.

— Et là-haut ?

— Quoi, là-haut ?

— Les Gens d'En Haut, comment sont-ils ?

— On ne sait pas… Aucune Féminine ne les a jamais vus. Nous devons nous arrêter aux confins de la montagne. Mais ce que je peux te dire, c'est qu'ils possèdent la source.

— La source ?

— L'eau douce de la vie, si tu préfères. C'est elle qui commande tout.

— Pourquoi ?

— L'eau est notre monnaie d'échange. Notre valeur première. Du reste, ici-bas, tout se paye en liquide.

— Et pourquoi l'eau n'appartiendrait-elle pas à tout le monde ?

— Parce qu'il y a des riches et des pauvres.

— Pourquoi ?

— Parce qu'il y en a toujours eu.

— Ce n'est pas une raison.

— Justement, si.

— Et nous, qu'est-ce qu'on est ?

— Des pauvres.

— Et on a quelle valeur ?

— Celle de notre travail, comme tous les Gens d'En Bas.

— Et quand on ne peut plus travailler, qu'est-ce qu'on vaut ? Plus rien ?

— Quand tu seras grande, tu comprendras…

— Je comprendrai quoi ?

— Qu'il y a un cours de l'eau. Lorsqu'il est au plus haut, tout va pour le mieux, lorsqu'il est à la baisse, tout va mal. Alors, on fait descendre les Féminines de la Sécurité. Grâce à elles, il n'y a jamais le moindre désordre. Pas même la tentation de contester.

— Pourquoi ceux des hauteurs régleraient-ils le cours de l'eau et pas nous ?

— Le Grand Décideur le veut ainsi.

— Qui est-ce ?

— Je ne sais pas… On l'appelle aussi le Grand P.

— Le Grand P. ? Ce n'est pas un nom, ça !

— Il a décidé que ce serait le sien.

— D'accord pour le nom, mais de quel droit décide-t-il pour nous ?

— Il faut bien que quelqu'un gouverne la maison.

— Pourtant, toi et Sienne, vous êtes deux…

— Il est meilleur qu'un seul commande.

— On ne l'a pas choisi. Ce n'est pas juste.

— La justice, c'est que chacune ait sa place attitrée et qu'elle y reste.

— Certaines places sont meilleures que d'autres !

— C'est dans l'ordre. Les gros poissons sont faits pour manger les petits.

— Tu penses vraiment cela ?

— Je m'efforce de ne pas penser. J'essaie de vivre, et je te conseille d'en faire autant. Maintenant suffit ! tranchait Argile.

Tildé tournait les talons en maugréant. Elle ignorait qu'Argile faisait ses propres enquêtes depuis bien longtemps. Seule sa compagne savait ses questions, ses suppositions, ses révoltes rentrées.

Heureusement, ces discussions insensées ne franchissaient jamais les murs de la maison, mais Argile était envahie de mauvais pressentiments. Sur l'île, les discuteuses, oratrices, philosophes de toutes sortes, étaient considérées comme des criminelles. Les lois sécuritaires affirmaient que, de l'idée à l'intention, il n'y a qu'un pas. De l'intention à l'action, à peine une coudée. En conséquence, les fauteuses de trouble, accusées de délit d'opinion aggravé, doublé d'humanisme avéré, étaient sévèrement punies. Condamnées à reverser d'impossibles rations d'eau aux Féminines de la Sécurité, elles se privaient au-delà du raisonnable. Et tandis que les garantes de l'ordre se vautraient dans d'indécentes orgies aquatiques, les délinquantes, incapables d'éponger leur dette, se desséchaient sur pied. Elles finissaient par mourir de soif au milieu de l'indifférence générale. La barbarie ordinaire de ceux qui font passer leur propre conservation avant tout.

Malgré toutes ces terreurs, et bien qu'elles fissent partie du groupe des intouchables, les plus démunies de leur société, les trois femmes étaient parvenues à un équilibre. Dans cet univers formaté, aux rouages bien huilés, leur bonheur était un surcroît.

Et puis un matin, le drame était survenu. Argile avait été emportée *manu militari* par celles de la Sécurité. Elle n'était jamais revenue. Volatilisée, comme tant d'autres.

Sienne connaissait parfaitement les règles. Dans leur monde, les sentiments, émotions, passions, et autres faiblesses du cœur constituaient une faute majeure. Si elle voulait survivre à ce malheur, elle ne devait rien laisser paraître. La disparition de sa compagne la plongeait dans une nuit profonde. Ce qu'elle endurait était pire que sa propre mort. Mais pour Tildé, elle devait continuer. Pour protéger son enfant, elle se résolut au silence. Elle apprivoisa son froid intérieur, mura son chagrin. Une douleur solitaire, interdite. Une gangrène. Des sanglots rentrés comme des poignards. Le cœur étranglé, et qui saigne au-dedans. Au dehors, le masque social. L'apparence.

Elle parvint à cacher sa désespérance aux autres, mais ne trompa pas sa fille. La perte d'Argile avait fait passer l'adolescente, d'un coup, à l'âge adulte. Elle aussi avait accepté de ravaler ses larmes, mais elle poursuivait sa quête avec plus d'ardeur que jamais. C'était au tour de Sienne de passer au crible des questions.

— Pourquoi l'ont-elles emportée? Elle n'avait rien fait! se révoltait Tildé.

— On finit toujours par perdre ceux que l'on aime.

— On ne l'a pas perdue. On nous l'a prise! Tu sais bien que cela n'a rien à voir!

— Elle avait l'âge.

— L'âge? Mais de quoi parles-tu?

— À trente ans, on doit être renouvelée. Tu sais bien qu'il n'y a pas de place pour les vieux ici.

— Et c'est quoi un vieux ?

— Je ne sais pas au juste. Je n'en ai jamais vu. C'est au-delà de trente ans.

— Et que leur arrive-t-il après ?

— Personne ne le sait.

— Et personne ne le demande ?

— Personne.

⋆ ⋆ ⋆

Malgré la disparition d'Argile, la vie avait repris son cours. Sienne avait tenu à elle seule le rôle de deux parents. Elle s'était démultipliée pour que sa fille ne se sente pas orpheline, et elle y était plutôt bien parvenu. À l'extérieur, elle continuait à donner le change, mais en elle-même, elle chérissait sa compagne au présent. Se souvenant de ce qu'Argile lui avait inculqué, elle nourrissait ses doutes, faisait éclore de nouvelles certitudes. Quant à Tildé, elle grandissait tant bien que mal, conservant aussi au fond de son âme un lien invisible avec la disparue. Sans se l'avouer, les deux femmes entretenaient avec elle un dialogue intérieur continu. Une présence absente. Leur asile et leur source de courage. Par la force du souvenir, Argile n'était pas morte, mais prolongeait sa vie en celles qui l'aimaient.

★ ★ ★

Le jour où elle avait déniché l'étrange coffret, Tildé venait juste d'avoir dix-sept ans, l'âge de passer dans le clan des adultes. Bientôt, elle quitterait sa mère et on lui attribuerait une épouse. Contrairement aux autres filles, l'idée de ce passage la terrifiait. Qui lui désignerait-on ? Comment cela se passerait-il ? Depuis la découverte de la *thangka*, elle entrevoyait les raisons de ses craintes. De nouvelles questions se bousculaient dans sa tête. Devait-elle en parler à Sienne ou garder son secret pour elle ? Et la poudre, quelle magie détenait-elle ? Après ce qui venait de lui être révélé, tout était possible. À présent, elle voulait savoir. Même si elle encourait les pires sanctions, sa curiosité était la plus forte. Déchirée par des sentiments extrêmes, elle arriva au village sans même s'en rendre compte.

Lorsqu'elle eut franchi le seuil de la maison, un silence inhabituel l'accueillit. Prostrée dans un coin de la pièce, Sienne la fixait comme une bête traquée.

— Que se passe-t-il ? interrogea anxieusement la jeune fille.

— C'est ma date… Elle est fixée.

Cette fois, Tildé comprit immédiatement. Au moins, donnait-on à Sienne le temps de se préparer. De se séparer. Argile n'avait même pas eu ce répit. Pas un adieu, pas un mot d'accompagnement. Une violence faite aux

46

vivants et aux morts. Pour la première fois, elle considéra sa mère d'un regard étranger. Elle voulait prendre la mesure. De rares flocons neigeux éclairaient ses cheveux bleu nuit. Sur ses joues, des sillons imperceptibles ébauchaient l'écriture de sa vie. Ses joies, ses luttes, ses deuils, dessinaient là leur géographie. Tildé prit soudain conscience. Ce front soucieux, ce regard ombré, cette silhouette moins déliée, reflétaient le poids des jours. Depuis longtemps, les rires de Sienne se teintaient d'amertume. Elle avait perdu ce pouvoir de la jeunesse qui fait sauter tous les verrous. Oublié jusqu'au souvenir de cette gaieté incendiaire qui fait des pieds de nez aux destins les plus sombres. Tous les indices l'accusaient. Pis que tout, sa façon de travailler la condamnait. Même si sa production était encore rentable, elle connaissait désormais le prix de ses efforts, et s'économisait pour aller vers ses buts. Tandis que Tildé batifolait en tous sens comme un jeune chien, Sienne se résignait aux coulures du temps.

— J'ai l'âge de mourir, confirma-t-elle.

— Je ne veux pas !

— Ici, personne ne dit « je veux ou je ne veux pas ». Nous sommes des Gens d'En Bas.

— Ils t'ont avertie ? C'est pour quand ?

— Autant de soleils que les doigts de ma main, dit-elle en accompagnant la sentence d'un pâle sourire. En attendant, j'ai le droit de ne pas travailler.

— Que vont-ils faire de toi ?

— Les Yeux Verts me jetteront à la mer. Les Grands Nettoyeurs accompliront le reste.

— Les Grands Nettoyeurs… Ce sont des Féminines ?

— Non… Je vais t'expliquer. Tu y as droit. Il y a bien longtemps que nous n'avons plus de place pour enterrer nos morts. Pour enterrer, encore faut-il de la terre…

— Mais alors, où allons-nous ?

— Les fonds marins pullulent de crustacés géants…

— Ne me dis pas…

— Ils se nourrissent de nos cadavres avant de s'entre-dévorer eux-mêmes. Une vraie guerre fratricide. Nous finissons toutes dans la panse d'araignées velues, de homards aux pinces violines, de crabes aux yeux sans regard. Ils nous digèrent sans laisser de trace. Une mort propre et gratuite.

— Mais alors… Argile ?

— Elle aurait tant voulu s'endormir serrée contre la Terre.

Sienne s'enfonça dans un silence rempli d'images morbides, avant de poursuivre.

— Dans autant de soleils que les doigts de ma main, je disparaîtrai, et à ma place, un bébé sera déposé qui fera le bonheur d'un couple. Nous avons été si heureuses quand nous t'avons trouvée. Maintenant, il faut accepter. Tout a une fin, tu le sais.

Une pointe acérée transperça le cœur de Tildé. Sa mère lui avait tant donné. Elle lui avait prodigué plus qu'elle ne pourrait jamais lui rendre. On lui avait déjà pris Argile, elle ne laisserait pas partir Sienne. Pas si vite. Pas maintenant. Elle serra ses poings à s'en faire mal, ne dit mot, mais se jura de la sauver. La seule question était de savoir comment. Dans cette société quadrillée, existait-il encore un seul espace de soustraction ? Avant tout, elle devait calmer son tumulte intérieur, élaborer un plan. Elle empoigna Sienne brusquement.

— Viens, nous partons !

— Partir ? Mais pour aller où ? Tu sais bien que l'île représente notre refuge et notre prison.

— Tu vas voir !

— Si tu m'aides, nous risquons d'y passer toutes les deux. Je veux que tu vives.

— Nous vivrons.

Terrassée par les émotions, Sienne finit par accepter la stratégie de Tildé. À la nuit tombée, elles s'enfuiraient, se dirigeraient vers la muraille, escaladeraient la montagne. Après… elles improviseraient.

★ ★ ★

Lorsqu'elles se trouvèrent assez loin du village, elles s'arrêtèrent pour découvrir le point de vue qu'elles n'avaient jamais contemplé. Le pays aux découpes grandioses, descendait de tous côtés à pic sur la mer en dessinant des dénivelés impressionnants. Une configuration d'une beauté surréelle. Le plateau circulaire qui plongeait dans l'océan, contrastait avec les sommets montagneux où vivaient les Gens d'En Haut. D'un regard sphérique, elles embrassèrent l'horizon et constatèrent avec effroi que leurs angoisses les plus terribles s'avéraient justes. L'îlot constituait bien la dernière poche de résistance qui entamait encore la mer. Lorsqu'il aurait rendu les armes, que se passerait-il? Privées de terre, atterrées, les Terriennes seraient définitivement rayées de la planète.

Fascinée par l'horreur, Tildé s'abîmait dans ces eaux visqueuses. Des abysses plus sombres qu'une nuit de lune noire. Elle prit soudain conscience. Cette odeur fade qui émergeait des flots et la prenait au ventre, c'était celle de la mort. Un océan de pourriture, en état d'asphyxie. Dans cette mer couleur bitume, seuls les grands prédateurs cuirassés de carapaces blindées, pouvaient encore survivre. Pas un poisson, pas même l'ombelle d'une méduse. Quel insondable cimetière! Des monstres nourris de chair humaine. Argile! Ils l'avaient disséquée! Une nausée la cloua sur place. Il lui fallait éloigner ces pensées malsaines, se reprendre, réfléchir. Elle songea tout à coup au coffret. Il recelait sans doute des pouvoirs surnaturels. La *thangka* l'avait déjà montré. La solution était là, elle en était certaine. Voilée, mais à portée de mains.

— Je ne vois qu'une possibilité, avança Tildé. Nous allons chercher une cachette sur les hauteurs.

— Mais ce sont des lieux interdits ! Personne n'a le droit…

— Ah oui ? Et de quel droit te prendrait-on ta vie, à toi ?

Sienne n'avait jamais osé penser que sa vie pouvait lui appartenir. Elle ne trouva rien à répondre. Suivit sa fille.

Elles marchèrent des heures. Passèrent près de précipices sans fond, de passerelles arrachées, de fondrières affreuses, sans rencontrer âme qui vive. Arrivées aux cimes, une musique céleste les stoppa net. Des sonorités envoûtantes qui montaient de nulle part.

— Qu'est-ce que c'est ? interrogea Tildé.
— Je crois que c'est le Chant des monts.
— Le Chant des monts ?
— Argile disait que celles qui l'avaient entendu ne verraient plus jamais la vie de la même façon. Elles comprendraient l'union de l'humain avec les éléments. Et la nature leur servirait de guide.

Elles éprouvèrent soudain la sensation d'effleurer le ciel, de respirer au large pour la première fois. À présent, elles distinguaient leur lumière intérieure. Sur ces hauteurs, le temps s'égrenait si lentement que la pensée se stabilisait. Une beauté calme et secrète leur montrait la voie.

Sans y prendre garde, leurs pas les conduisirent vers un point luisant qui chuchotait dans la nuit.

— De l'eau vive ! murmura Tildé.

— Notre commencement, s'émerveilla Sienne.

Le mince filet d'eau qui abreuvait tout le pays prenait sa source dans une simple fissure. Dire que toute vie en découlait ! Inconscientes du danger, trop émues pour analyser quoi que ce soit, elles restaient plantées là, fascinées par la simplicité de leur découverte.

Soudain, des gardes armés déboulèrent en renfort. Le trésor était surveillé jour et nuit. Dans la confusion de la relève, nul ne remarqua les deux femmes venues d'en bas.

— Regarde ! s'exclama Sienne. Il y a aussi des Masculins parmi les Maîtres de l'Eau !

— Ces androïdes ? On les appelle des Masculins ?

— Oui. Argile me les avait décrits comme ils sont. Différents mais semblables. Je ne la croyais pas plus que je n'écoutais les discours des Hallucinées… Je pensais qu'elle était trop imaginative. Comment avait-elle eu connaissance de tout cela ?

Ne voulant pas inquiéter davantage sa mère, Tildé préféra taire sa propre découverte.

— Viens, ne restons pas là, proposa-t-elle d'une voix rauque.

— Nous venons de contempler l'eau douce de la vie, marmonna Sienne hypnotisée.

— Elle devrait appartenir à tout le monde !

Sienne ne savait que répondre. Depuis leur fuite, ses certitudes passées s'écroulaient comme un château de cartes. Face à un monde si différent, ses schémas éclataient. Comment concevoir une telle altérité ? Rien ni personne ne lui en avait donné les moyens. Sans guide, sans garde-fou, il lui fallait tout réinventer. À présent, elle marchait à découvert, comme tous ceux qui acceptent de penser.

★ ★ ★

Les deux femmes cheminaient depuis plusieurs heures lorsqu'une vision d'enchantement les immobilisa. Blotti dans le ventre de la montagne, le temple du Grand Décideur se dressait dans les ténèbres. Avec ses murs de jade, ses fenêtres de cristal, ses toits dorés en forme de pagode, il apparaissait comme une excroissance des chaînons montagneux. Une montagne dans la montagne. Des aigles pêcheurs aux serres puissantes, perchés sur les tourelles pointues, surveillaient les lieux sans ciller.

— Une forteresse imprenable ! s'exclama Sienne.

— Nous la prendrons quand même !

Avec force précautions, elles réussirent à pénétrer les bâtiments. Le palais regroupait un dédale de salles, de coursives, d'escaliers. Les appartements privés du souverain étaient inaccessibles, mais elles réussirent à visiter d'incroyables dépendances. Des cuisines qui renfermaient des quantités de chaudrons fumants. Des entrepôts qui regorgeaient de réserves opulentes. Des chapelles, des oratoires, des stupas funéraires, des salles de prière leur offrirent leurs secrets. Dans une petite officine sombre s'alignait une savante pharmacopée : bocaux, pilules, plantes séchées. Un véritable repaire d'alchimiste. Elles virent des créatures vêtues de robes safranées qui s'affairaient autour d'un Masculin à barbe blanche. L'homme semblait plutôt mal en point.

— Regarde ! chuchota Sienne. Ce vieillard se fait soigner.

Et comme Tildé ne comprenait pas le sens de ces deux mots, sa mère ajouta :

— C'est une salle de médecine ! Eux, on les aide à vivre le plus longtemps possible.

— Le plus longtemps possible ? répéta Tildé incrédule. Mais alors, nous…

Sans lui laisser le temps de répondre, Sienne l'entraîna. Maintenant, elle voulait tout voir, juger par elle-même. Plus rien ne lui faisait peur. Du reste, qu'avait-elle à perdre ?

Dans une bibliothèque, des Masculins et des Féminines, assis en tailleur, se balançaient mécaniquement d'avant en arrière devant des textes serrés entre deux planches de bois. Les rayons recelaient des milliers de tablettes. Une incantation scandée montait de la petite assemblée.

— Quelle étrange mélodie, constata Tildé à voix basse.

— Ce n'est pas une mélodie. Ils lisent.

Comme toutes les Féminines, elles étaient analphabètes, et n'identifiaient que la première lettre de leur nom.

— Qu'est-ce que cela signifie ?

— La lecture permet la connaissance de l'éloignement des temps.

— Tu veux dire, avant l'île ?

— Bien avant.

— Tu le sais, toi, ce qu'il y avait avant ?

— D'après Argile, avant, il y avait l'Histoire.

— Je ne comprends pas.

— L'Histoire. Un pont jeté entre les humains. Mais nous, on ne nous a rien transmis. Nous sommes suspendues au-dessus du vide.

— Et qui pourrait transmettre ?

— Les voix de ceux qui refusent de se taire.

Une immense volière abritait des alouettes dodues, des faisans au plumage bleu foncé, des coqs des sables. Des grues transperçaient la nuit de leurs yeux comme des soleils rouges. Toutes ces espèces ignorées achevaient l'irréalité de leur initiation. Elles n'auraient jamais cru qu'un tel faste était possible.

— Quand je pense à toutes les famines que nous avons subies, soupira Tildé.

— Manger à sa faim a toujours été une escroquerie.

— C'est toi qui dénonces l'injustice maintenant? Toi qui ne t'es jamais prononcée sur rien… On croirait entendre Argile.

— Argile et moi, nous avons toujours pensé beaucoup plus que nous ne te disions. Nous voulions te protéger.

— Que te disait-elle d'autre?

— Elle affirmait que les puissants contemplent les catastrophes du haut de leur balcon tandis que les pauvres se débattent au fond de leur trou. À présent, nous en avons la preuve.

— Argile parle à travers toi…

— Depuis sa disparition, elle n'a cessé de le faire.

Bouleversées par leurs découvertes, elles avaient ralenti le pas et avançaient en silence. Des pourquoi obstinés les taraudaient. Elles pressentaient des réponses enfouies dans les tréfonds d'une mémoire ancienne. Une force ignorée les reliait à un passé séculaire. Mais en l'absence de passation, comment trouver le fil?

Tout à ses pensées, Sienne trébucha soudain sur une pierre invisible. Elle tenta vainement de se rétablir, bascula en arrière, se volatilisa dans la nuit. En une seconde, Tildé se retrouva orpheline. Abasourdie, elle se mit à tâtonner dans la nuit.

— Maman? Maman? Ne me laisse pas seule!

Maman. Elle ne s'était jamais autorisée à prononcer ce mot trop lourd de sentiments humains. Maintenant qu'elle se trouvait abandonnée, le diminutif sacré surgissait du plus profond de ses entrailles. Le poids des ténèbres sur la poitrine, les mains en sang, elle fouillait les buissons et les roches comme une forcenée. Elle commençait à perdre espoir lorsqu'une voix des lointains fusa du cœur de la montagne. C'était bien l'expression de sa mère, mais déformée. Méconnaissable.

— Je suis là ! assurait Sienne.

— Je ne vois rien.

— Viens me rejoindre ! C'est magnifique !

— Magnifique… Vraiment ? Tu es sûre ?

Guidée par le timbre familier, Tildé finit par trouver l'excavation. Elle se laissa glisser dans un toboggan sans fin et atterrit dans une nuit profonde. Lorsque ses pupilles se furent habituées à la pénombre mouvante, elle découvrit un spectacle fantastique. Une caverne aux parois merveilleusement polies, doucement éclairées par un rayon de lune pensive, leur offrait la protection de ses flancs maternels. Après un temps de stupéfaction, une curiosité fiévreuse s'empara des deux femmes. Maintenant, elles voulaient comprendre tout ce qu'on leur avait caché, reprendre l'histoire qu'on leur avait volée.

Leur première émotion passée, elles entreprirent d'explorer méthodiquement les lieux. Plusieurs grottes communiquaient entre elles par des passerelles ou des couloirs. Chaque antre recelait des trésors plus étonnants les uns que les autres. Des amphores débordaient de pierres précieuses, des turquoises grosses comme des œufs de pigeon, des agates et des corallines, des rubis et des perles fines, de l'ambre doré. Du bronze, de l'or, de l'argent. Une profusion de richesses. Des coffres contenaient des bijoux travaillés, des coiffes somptueuses dont elles ignoraient la signification. Dans un geste de femme, elles se parèrent de ces merveilles et une mystérieuse énergie les pénétra. Les couleurs des joyaux les reliaient à l'azur des ciels passés, à la pureté du feu, à la blondeur d'une terre ignorée. Les murs décorés de fresques érotiques rappelèrent à Tildé ce qu'elle avait vu sur la *thangka*. Sienne n'en croyait pas ses yeux. Elle ne fit aucun commentaire sur ces unions avec un autre sexe, mais n'en pensa pas moins. Si toutes sortes d'amours pouvaient coexister pourquoi ne leur avait-on pas laissé le choix? Certes, elle avait aimé Argile, mais toutes les Féminines n'éprouvaient peut-être pas les mêmes attirances. Où était la norme? À quel moment la culture prenait-elle le pas sur la nature? L'acquis et l'inné avaient-ils encore un sens? Et ceux d'en haut, quelles étaient leurs étreintes?

Elle auraient dû cesser là leurs recherches, mais se sentaient poussées par une force irrésistible. Elles parvinrent à un repaire qui contenait des peintures aux pigments intacts, des bouddhas au sourire retroussé, des manuscrits indéchiffrables. Ces temples souterrains avaient jadis servi de relais sur la route de la Soie, mais elles ignoraient l'aventure de cette matière vivante. Fascinées, elles contemplaient leurs origines sans en saisir toute la teneur. Mais elles commençaient à réaliser que les Gens d'En Haut, en toute conscience, avaient fait d'elles un peuple vidé de sa substance. Des acculturées privées de leurs racines. Des êtres sans bagage, sans identité, sans voix. À présent qu'elles se risquaient à penser, un univers frémissait en elles. Des présences retirées. Des images vacillantes qui tentaient de se préciser. Un fil d'Ariane entre les vivants et les morts.

L'avant-dernière grotte contenait une tout autre abondance. Sur le sol terreux galopaient des hordes d'insectes prometteurs, scarabées, hannetons, myriapodes, fourmis replètes. Un vrai festin. Tildé passa son index sur un mur ruisselant et le lécha.

— De l'eau claire ! se réjouit-elle.

Comme si cet adage eût surgi des tréfonds d'une âme collective, Sienne prononça d'une voix étrangère :

— Les plus grands fleuves coulent sous la terre.

Elles se désaltérèrent à même la roche, dévorèrent quelques invertébrés. Lorsqu'elles furent rassasiées, elles distinguèrent un clapotis de source vive. Dans une anfractuosité reculée, un entrelacs de ruisselets folâtrait, se répandait en cascatelles, se jouait des obstacles, avant de s'achever dans un bassin tranquille. Le réseau insoupçonné s'était mis en place sous la montagne depuis des millénaires. Une richesse chantante comme des babillements d'enfants. Elles s'immergèrent dans cette onde maternelle. La caresse dormante du bain réveilla en elles des milliers d'antennes ignorées, une explosion de sensations nouvelles. L'apesanteur, pour la première fois, les libérait de tout.

★ ★ ★

Après mille adieux, Tildé prit congé de sa mère.

— Je reviendrai. Je trouverai une solution.

— Même si tu ne reviens pas, je ne regrette rien. Et puis, je préfère mourir sur la Terre.

Tildé disparut sans bruit. Elle devait rejoindre le plateau au plus vite. Si celles de la Sécurité s'apercevaient de son absence, elle ne donnerait pas cher de sa vie. Quant à la disparition de Sienne… Si on l'interrogeait, elle jouerait l'ignorante. Après tout, on pouvait aussi bien croire que sa mère s'était jetée de la falaise pour devancer l'appel.

Elle arriva en bas à l'aube, courut directement à la muraille. Il lui fallait absolument passer de l'autre côté. Voir. Mais comment escalader le colosse ? Le mur, disait-on, s'élevait à 276 mètres de haut et il semblait frôler le ciel. Elle était en train d'ourdir un plan lorsque le sol se mit à trembler sous ses pieds. Les secousses telluriques, d'abord infimes, prirent progressivement de l'ampleur. Tildé avait l'habitude de ce genre de manifestations. L'île était volcanique. Mais cette fois, les vibrations ne ressemblaient en rien à ce qu'elle avait connu jusqu'alors. Une pulsation régulière, têtue – une force de vie.

Soudain, l'écorce terrestre se fendit en deux comme une coque trop mûre. Animée d'une incroyable autonomie végétale, une racine alambiquée surgit du giron de la Terre. Comme si le temps eût été suspendu, la plante musculeuse resta d'abord immobile, comme en attente. Puis brusquement, elle se fraya un chemin avec une détermination animale. Arrivé au rempart, le rhizome lança ses tentacules monstrueux vers les soubassements pour mieux poursuivre sa course souterraine. Parmi les graines provenant du coffret, l'une d'elles s'était enracinée de l'autre côté. De part et d'autre du mur, les multiples pivots, les radicelles, avaient suivi le même parcours. Devant Tildé ébahie, les faisceaux se jaugèrent comme s'ils avaient été guidés par un radar. Ils se tâtèrent, se sondèrent, s'entrelacèrent étroitement jusqu'à former un seul être.

La jeune fille avait observé le phénomène sans chercher à l'entraver. Elle ne savait si elle devait le craindre ou l'espérer. Après tout, au point où elle en était, peut-être s'agissait-il d'un bon présage ?

C'est alors qu'un craquement sinistre se fit entendre. À présent, les impulsions travaillaient en profondeur.

Sous la pression de cette houle sourde, des pierres ancestrales se soulevèrent lourdement, elles hésitèrent un instant, puis d'un coup, déboulèrent vers l'océan dans un fracas de tonnerre. Lorsque l'avalanche eut cessé, lorsque sa frayeur fut dissipée, Tildé s'approcha. Un passage s'était ouvert sous les fondations. Elle s'y faufila sans se poser plus de questions.

Elle se retrouva face à une vision de rêve. Devant elle, un Masculin aux muscles vigoureux piochait durement la terre. Il y mettait tout son cœur. Une force en action. Elle remarqua immédiatement ses merveilleux iris bleu pervenche, bagués de lamelles violet noir. « Comme c'est étrange, pensa-t-elle, dans cette communauté, ce sont les Yeux Bleus qui vaquent aux occupations agricoles. Mais alors, à quelles tâches s'adonnent les autres couleurs ? » À son insu, des questions plus ahurissantes les unes que les autres se bousculaient en elle. Ainsi, selon l'endroit où l'on se situait, les valeurs étaient inversées ? Où se trouvait la norme, la frontière, entre les classes, les sexes ? Qui avait pu mettre en place un système si étanche ? Seul un esprit aussi perturbé que malin pouvait se jouer ainsi des Gens d'En Bas.

Maintenant, elle le voyait bien, leur organisation, leur idéologie, leurs mœurs, n'étaient que comédie. Leur façon de penser, une contrefaçon. Tous ces clans n'avaient aucun sens. Des divisions factices au service d'un pouvoir de domination qui masquait mal la peur de l'autre.

Ne comprenaient-ils pas qu'ils étaient tous perdus ? Les Gens d'En Haut comme les Gens d'En Bas. Les Féminines comme les Masculins. Ils étaient tous semblables, porteurs du nom de l'Homme. Ce nom, au lieu de le proscrire, ils auraient dû le chanter. À présent, leurs différences permettaient à Tildé de mieux comprendre leur ressemblance. Une seule et même humanité au-dessus d'un gouffre. Une destinée commune. Face à leur avenir absorbé, coupés de leurs origines, ils étaient tous voués à une vie ébauchée. Ceux qui tiraient les ficelles comme les autres – englués dans l'égalité du néant. Condamnés par les intérêts complices des générations précédentes, ils étaient les derniers.

Elle se pelotonna au fond de sa cachette pour mieux observer l'étranger. Ses cheveux en désordre auréolaient son visage régulier. Sa nuque brune, ses mains solides, la courbe de ses reins, la jetèrent dans un trouble insensé. Le garçon était charpenté comme un jeune arbre. Pourtant, malgré sa puissance, elle décela en lui une fragilité bouleversante. Elle aurait dû s'enfuir, mais restait là, aimantée par sa propre vérité. Elle aurait tant aimé être conforme, suivre un parcours rectiligne. Mais elle ne pouvait plus se mentir. Pour l'heure, elle éprouvait une attirance, mais si elle passait à l'acte, elle serait définitivement rayée de sa communauté. Condamnée à jamais.

Contre toute attente, l'androïde cessa là son travail. Il posa sa pioche, scruta les alentours, et se croyant seul, se mit à danser. Une chorégraphie solitaire, impudique et secrète. Une prière sauvage qui conviait tous les sens. Ses gestes transparents se jouaient de la gravitation. Tantôt oiseau, tantôt serpent, il épousait le ciel aussi bien que la terre. Ses élans comme ses retombées, tout ce qui émanait de lui, relevait d'une beauté confondante. Des gouttelettes de sueur perlaient de son front, roulaient sur ses paupières, son cou, confluaient vers le méridien de son torse. Elle aurait tant voulu être l'une de ces perles d'effort, s'imprégner des fragrances de cette virilité étrangère. À cette idée, une chaleur ignorée surgit en elle. Une onde sourde germa de son ventre, monta en colonne, lui noua la gorge. Incapable de se défendre, elle s'embrasa tout entière. Elle aurait dû retourner en arrière, mais la contemplation de ce corps voluptueux la fascinait. Ce qui se jouait en elle était plus fort que sa volonté, son instinct de survie. Jetée dans une émotion première, elle se disloquait. Elle et mille autres. Dispersée à tout vent. Une perte d'elle-même qui lui faisait tout oublier. Sa mère, les risques encourus, sa lassitude et sa colère face aux mensonges des dirigeants.

Comme s'il eût été habité par un démon intérieur, le jeune homme se mit soudain à tournoyer sur lui-même, frénétiquement. Il tourbillonnait sans toucher le sol, hors de lui. Une transe magnétique. Contagieuse. Telle une flamme vivante, il se tordait dans tous les sens. Alors, une voix de feu crépita aux oreilles de Tildé :

«Rejoins-le. Rejoins-le donc! Tu es pour lui! Il est pour toi!» ordonnait-elle, impérieuse. De toutes les forces de sa raison, Tildé luttait contre son désir. «Méfie-toi du miel que l'on t'offre sur une lame de couteau[1]», se souvint-elle brusquement. L'évocation du proverbe cher à ses mères chassa un instant sa fièvre. Un être aussi séduisant cachait certainement des intentions nuisibles. L'attraction irrésistible qu'elle éprouvait résultait sans doute d'un sortilège. Du reste, elle n'avait jamais vu pareille danse. Légère et mystique à la fois. Il fallait observer, rester prudente, ne pas se rendre.

Subitement, la cadence du danseur s'accéléra. Tantôt oiseau, tantôt félin, il devint tous les êtres à la fois. Il alternait des postures pensives avec des envolées fulgurantes, entreprenait des concours de grimaces, poussait des cris effrayants. Puis d'un coup, il s'abattit sur le sol. Consumé, inerte, comme si rien n'avait été. C'en était plus que Tildé ne pouvait supporter, elle surgit de son refuge comme un diable d'une boîte. Il se releva d'un bond. Éberlué.

Sa première stupéfaction passée, il se mit à la dévisager, puis s'abîma dans sa contemplation. Ses yeux de brume, son air rebelle, ses courbes faites pour le plaisir, tout en elle le charma aussitôt. Au lieu d'éprouver la moindre gêne, elle se laissait examiner. Immobile, sereine comme

---

1. Proverbe khampa (Tibet oriental).

une icône. À présent, sûre d'elle. Elle se sentait regardée pour la première fois. Un regard mieux qu'une caresse. Nul besoin de mots. Sans le savoir, ils s'attendaient. Depuis la nuit des temps, ils étaient l'un pour l'autre.

C'est elle qui fit le premier pas. Elle tendit la main vers lui, frôla sa joue, son épaule. Un apprivoisement. Il l'emprisonna maladroitement dans ses bras. S'imprégna d'elle. Et puis sans prévenir, ils furent emportés par la fougue du désir qui veut être apaisé. Sur le sein de la dernière terre, leurs corps se rejoignirent et le bonheur les emplit en excès.

C'en était fait. Dorénavant ils étaient deux parias, au ban de la société.

— Tu as un nom ? interrogea Tildé lorsqu'elle eut retrouvé ses esprits.

— Je suis l'Amour.

— Moi aussi, sourit-elle.

— Plus sérieusement, mes pères m'ont appelé Éole. Je suis le souffle de la vie.

Les sens en éveil, elle le respira. Il disait vrai. À présent, elle identifiait le parfum incomparable qui émanait de lui. C'était l'odeur du vent. Le vent, lavé par la pluie, parfumé par la terre. La respiration même de l'univers. Du reste, auprès de cet homme, elle éprouvait l'énergie prodigieuse qui vient des éléments.

— Je fais partie de la caste des inférieurs, mais je possède les forces de l'homme[1], se rengorgea-t-il.

— Que veux-tu dire ?

— J'ai les forces du corps. Je peux d'un seul pouce maintenir un cerf à terre, traverser un grand fleuve à la nage, faire les exercices légers à la façon d'un oiseau.

Tildé n'avait jamais entendu parler de cerf ni de fleuve, mais elle se garda de l'interrompre. Éole avait sans doute beaucoup à lui apprendre. Il était le dernier maillon d'une lignée orale, faite de bribes répétées, de fragments de légendes, de mythes transformés. Comme tous ceux d'En Bas, on lui avait jeté quelques miettes en pâture, mais on l'avait dépossédé des vrais liens qui l'unissaient à son passé.

— Je détiens aussi les forces de la parole, poursuivit-il. Élever la vertu par des récits, faire rire en racontant des histoires, dompter les opposants d'une discussion.

— Il est vrai que, sur ce plan, tu as l'air de bien te débrouiller. Mais qui t'a raconté tout cela ?

— Mes pères.

Elle commençait à comprendre, mais préféra attendre pour l'interroger sur les mœurs de sa famille.

— Alors tu détiens toutes les forces de l'homme ? poursuivit-elle.

---

1. Les neuf forces de l'homme font partie de la sagesse bouddhiste (culture tibétaine).

— Non. Les exploits de l'esprit sont réservés aux Gens d'En Haut.

— Ah oui ? Et en quoi consistent-ils, ces exploits ?

— Rendre l'esprit vif aux sages, conduire les héros à l'endurance, rendre clair en paroles sans hésitation dans le cœur.

Elle ne fit aucun commentaire. Elle le trouvait si beau, si complémentaire. Ne lui voyait aucun défaut. À voix basse, ils se racontèrent les us et coutumes de leurs communautés respectives, leurs parents tant aimés, leurs questions silencieuses. S'aperçurent qu'ils se ressemblaient. Se comprenaient au-delà des mots.

Il lui apprit tout des Masculins. De leur côté également, les couples étaient homosexuels, imposés, et les enfants venaient d'En Haut. Les deux pères d'Éole s'appelaient Schiste et Basalte. Eux aussi s'aimaient. Ils se suffisaient du bonheur d'être ensemble, mais leur date approchait. Éole en était effrayé, mais que pouvait-il faire ? Des deux côtés, la loi était la loi.

Leur communauté n'était pas constituée de classes, mais de tribus qui n'avaient aucune possibilité de se mêler. Chez les Masculins, c'est sur la forme des oreilles et non sur la couleur des yeux que s'effectuaient les discriminations. Les Grandes Oreilles, les plus nombreuses, appartenaient à la tribu des inférieurs, celle des Gens de la Terre. Du reste, celles d'Éole, démesurées et décollées à souhait, signifiaient bien son appartenance. Deux

68

magnifiques ormeaux nacrés, irisés d'un éclat bleuté, qui ressortaient sur sa peau couleur havane. De gracieux coquillages percés d'une rangée de petits trous, dont le dernier, sur le lobe gauche, s'embellissait d'un anneau d'or. Tildé ne se lassait pas de contempler les pavillons délicatement ourlés, de palper les cartilages tendres comme de jeunes pousses. Elle jouait à coller ses oreilles contre celles de son amant afin d'entendre les sons étouffés qui sourdaient des profondeurs de son corps. Comme si des voix marines l'eussent habité.

Avec leurs oreilles pointues, les Maîtres de l'Eau ressemblaient à des diablotins. Il ne leur manquait que des pieds de bouc pour être assimilés à des faunes. Scellées à leur visage, les minuscules oreilles des Gens de la Mer se faisaient littéralement oublier. Quant à ceux de la Sécurité, leurs oreilles étaient lisses et tombantes comme de grandes nacres. Ainsi, dans leur société, Tildé, avec ses oreilles de poupée, aurait fait partie de ceux de la Mer et non de la Terre. Qui avait raison ? « Vérité d'un côté, erreur au-delà », se prit-elle à penser. Elle ignorait que bien des siècles auparavant, un dénommé Pascal avait prononcé un aphorisme similaire au sujet des Pyrénées[1]. En tout cas, elle en avait maintenant la preuve, les manipulations du Grand Décideur concernaient les deux parties de l'île. Quant aux pauvres gens, les

---

1. « Vérité en deçà des Pyrénées, erreur au-delà. » Pascal, *Pensées*.

mêmes partout, ils vivaient au rythme des lubies de ceux d'En Haut. «Viens, je vais te montrer quelque chose», promit-elle en le tirant vers le passage.

Lorsqu'ils se trouvèrent sur l'autre bord, le tunnel se rétracta dans une ultime convulsion puis dans une détente foudroyante, se referma derrière eux. Plus aucune trace de ce qui venait de se produire. Tout était comme avant. Sauf… la présence d'Éole. Il était bel et bien prisonnier, fait comme un rat.

— Crois-tu que nous ayons eu une hallucination? s'interrogea Éole en serrant ses tempes entre ses deux mains. Peut-être sommes-nous devenus fous? À moins que… Et si nous étions tous deux dans un songe? Le même songe. Si quelqu'un nous rêvait? Le Grand Décideur, par exemple…

— Ce sont des balivernes! Je peux t'assurer que tout ce qui vient de se passer existe réellement. La réalité dépasse même ce que nous sommes capables d'imaginer.

Elle aurait voulu lui en dire davantage, mais craignait de le heurter. Pour saisir l'ampleur de la supercherie, de tout ce qui leur avait été confisqué, mieux valait constater par soi-même. Elle réalisa tout à coup que son amoureux se trouvait enfermé dans l'univers des Féminines. Si on le découvrait là, celles de la Sécurité l'entraveraient brutalement et les Yeux Verts le jetteraient à la mer sans le moindre état d'âme. L'exécution se déroulerait en catimini. Comme d'habitude, on laisserait le peuple en sommeil, afin d'agir sans entrave. La dictature suivait ses règles. Elle observa Éole avec inquiétude. Étrangement, il semblait n'éprouver aucune frayeur.

— Qu'allons-nous faire ? s'alarma-t-elle.

— Rien.

— Comment cela, rien ? Sais-tu seulement ce qui t'attend ?

— Oui. Je suppose que la sentence est identique des deux côtés.

— Et tu n'as pas peur ?

— Pourquoi aurais-je peur ? Grâce à toi, je vais enfin pouvoir conquérir la troisième force. Celle de la sagesse et de l'héroïsme. Je peux bien te l'avouer maintenant, c'est ce que j'ai toujours souhaité dans mon for intérieur. Et puis, vois-tu, je suis d'un naturel curieux. Ce qui va m'arriver m'intéresse au plus haut point.

Elle le trouva un peu fanfaron, en sourit, se demanda si tous les Masculins avaient des réactions identiques, mais se garda de tout commentaire. Elle avait mieux à faire. Elle s'accroupit, déterra le coffret, dévoila son contenu. Ce qui se passait en haut, elle le raconterait plus tard. Pour l'instant, les mots lui manquaient. Le mieux était de le conduire au Pays du Haut. Alors, il pourrait concevoir un monde où la réalité n'allait pas de soi.

★ ★ ★

Restait la poudre brune. Il fallait l'essayer. Soit elle les sauverait d'une mort annoncée, soit elle les tuerait. Dans ce pari, ils n'avaient rien à perdre. Éole fit lentement circuler la substance dans le creux de sa main, il la renifla, la goûta du bout de la langue. Comme il ne se passait rien, ils en absorbèrent tous deux une petite quantité, puis décidèrent de patienter. De toutes les façons, ils devaient attendre la nuit pour rejoindre Sienne.

Au bout de deux heures, un froid glacial les saisit. Une morsure mutilante pour eux qui ne connaissaient que des températures caniculaires. Puis, sans transition, une touffeur accablante les étreignit. Ce passage brutal d'un état à l'autre se produisit tant de fois qu'à la fin, ils ne maîtrisaient plus rien. Ils claquaient des dents, se paralysaient, puis soudain brûlaient, perdaient des boisseaux de sueur. Déshydratés, le souffle court, le cœur dans la tête, ils avaient atteint leur seuil de tolérance. Vers quels climats détraqués, quels continents inquiétants cette substance les emportait-elle ? S'agissait-il d'un élixir magique ou d'un poison létal ? Leurs sens affolés captaient des sonorités étranges qui se transmuaient en images bigarrées, changeantes comme les figures d'un kaléidoscope. Où étaient-ils ? Qui étaient-ils ?

C'est alors que le miracle advint. Leur esprit se détacha, s'éleva au-dessus de leur corps, puis contempla l'enveloppe ouverte, vidée de sa substance. Aucun regret. Au contraire. Une incroyable sensation de légèreté qui les libérait de tout. D'un trait, ils s'envolèrent au-dessus d'une terre azurée, un bleu d'une pureté sévère. Dotés de pouvoirs occultes, ils embrassaient la nature, abolissaient le temps et l'espace, accordaient les contraires. Unis au tout du monde, ils ne connaissaient plus de limite. Deux chrysalides féeriques, mutées en papillons, qui survolaient l'Immense.

Enfin, sans crier gare, leur mémoire ensevelie se ranima et le passé s'offrit à eux, toutes fleurs ouvertes. Trois songes les traversèrent, qui contaient leurs commencements.

Ils distinguèrent d'abord un chemin de cristal. Très haut, très loin dans le ciel, des pics de plus en plus élevés, des neiges de plus en plus blanches. Pris d'un éblouissement qui rendait le paysage invisible, ils furent un moment aveugles. Lorsqu'ils recouvrirent la vue, l'extrême pointe du sommet de la Terre se dressait devant eux. Là, dans l'air le plus subtil où tout gelait, seul subsistait l'éclat de la glace. Dans une union incandescente, le feu du ciel et le miroir glaciaire s'embrasaient. Tout coexistait. Ils voyaient en même temps l'un et le multiple, le pur et l'impur, chaque chose accomplie en son début et en sa fin. C'est alors qu'ils la reconnurent. Là devant eux. C'était leur île. Leur île, avant.

Incapables de parler, ils la désignaient en bafouillant. Cette Terre étriquée qui, à présent, bravait désespérément les flots, était jadis le toit du monde. Un joyau inaccessible dans un écrin de montagnes qui transperçaient les nuages. La plaine sur laquelle ils vivaient au ras des flots était un haut plateau dont les pieds se heurtaient aux sommets glacés les plus hauts de la Terre. La capuche de la planète. Comment cet espace de silence, entouré de murailles infranchissables, était-il devenu cet esquif perdu sur un océan couleur d'asphalte ? Comment ces riches pâturages ponctués d'épaisses forêts, de marécages, de lacs taillés comme des mers, s'étaient-ils transformés en un lieu de désolation ? Et eux, d'où venaient-ils ? Étaient-ils des enfants de cet éden ou des descendants de migrations lointaines ?

Le pays était innervé par quatre fleuves gigantesques qui provenaient de six montagnes. Éole et Tildé regardaient impuissants leur courant impétueux. Un flot impossible à endiguer. Toute cette eau perdue ! Quel gâchis ! Et dire qu'ils n'avaient même pas les moyens de sauvegarder ce trésor. Avec leur frugalité habituelle, cette réserve aurait permis aux leurs de vivre des centaines d'années !

Hier comme aujourd'hui, le territoire était divisé en trois pays : celui du Haut, celui du Bas et celui du Milieu. Mais en ces temps lointains, ceux qui l'habitaient portaient tous le nom d'« homme ». Même ceux qui ne se conduisaient pas comme tels avaient encore droit à cette dénomination. L'humanité d'alors était universelle.

Soudain, ils se sentirent projetés hors d'eux-mêmes. Dissociés. Du mirador de leur conscience ils pouvaient s'observer mais se trouvaient dans l'incapacité d'agir. C'est alors qu'un Masculin et une Féminine surgirent de la grande plaine. Deux inconnus qui leur ressemblaient trait pour trait. Sauf leurs yeux, qui n'étaient pas luminescents, et leurs oreilles, qui ne renvoyaient pas de reflets irisés. Sur leur lobe gauche, une boucle d'argent serti de corail, se balançait au rythme de leurs mouvements. Où était le réel ? Qui rêvait l'autre ? Ils ne savaient plus rien.

Leurs doubles avaient la quarantaine largement sonnée. Des yeux plissés de trop sourire, des habits de soleil, une allure d'allégresse. Leur tignasse folle, enneigée de fils blancs, les rides qui sinuaient sur leur visage marqueté, donnaient à leurs traits une douceur mystérieuse. La bienveillance, la prescience de l'âge accepté. « On ne les supprimait donc pas à trente ans », se réjouirent-ils. Ils les hélèrent, mais leurs cris restaient inaudibles. Cette surdité provenait-elle du rêve ou de l'incompréhension de la langue ? Dans quel dialecte s'exprimaient ceux qui séjournaient là ? Parlaient-ils seulement d'une même voix comme tous ceux de l'île ? La diversité des langages et des cultures n'était donc pas une légende ?

Ils zoomèrent sur les deux personnages. Malgré leur maturité, l'homme et la femme jouaient comme des enfants. Ils se roulaient dans les prairies couvertes d'herbe drue piquée de gentianes délicates, de myosotis d'un bleu profond, de scabieuses et d'angéliques. Ils effeuillaient des pâquerettes des montagnes, feignaient le sommeil sur des tapis d'edelweiss. Ils conversaient avec les yacks sauvages, les cerfs musqués, les moutons bleus, plaisantaient avec les pandas géants, dissertaient avec les léopards des neiges. Ils accordaient aux hommes et aux animaux le droit de partager la terre, vivaient en harmonie avec la nature, se réjouissaient du bonheur d'être.

La Féminine se dirigea vers un nid d'oiseau, elle en ressortit une énorme turquoise bleue qu'elle exhiba en égrenant son rire de cristal. Après avoir observé la pierre sous tous les angles, ils la réduisirent en poudre, puis la dégustèrent en mimant des plaisirs indicibles. Le tout ponctué de fous rires. Lorsque la mixture se fut propagée en eux, leurs cheveux prirent des reflets de nuit, leurs pupilles se mirent à irradier des rayons étincelants, leurs oreilles se piquetèrent d'alvéoles. « C'est incroyable. C'est donc ainsi que nos cheveux sont devenus bleus, nos yeux luminescents, nos oreilles expressives ! Mais alors, ces hommes-là détenaient les secrets du cosmos ! » s'extasièrent-ils.

Sans prévenir, leurs sosies bondirent vers des mustangs trapus. Ils les enfourchèrent à cru, sans selle ni étriers, et s'élancèrent à travers des feux de genévriers. Allongés sur leur cheval, ils volaient plus qu'ils ne galopaient. En plein élan, ils effectuaient d'impressionnantes figures, se couchaient les bras écartés sur leur monture, se penchaient jusqu'à terre pour ramasser des cibles de papier. Leurs chemises flamboyantes flottaient dans le vent. Les jaunes, les orangés s'entrechoquaient en un tourbillon d'énergie indomptable. Les forces incluses dans ces teintes revenaient vers eux en boomerang comme en un cercle vertueux. Sur la grande plaine, la brume se mêlait au halètement des bêtes, à la respiration rocailleuse des cavaliers. Soudain, ils firent tournoyer au-dessus de leur tête des fusils à baïonnettes, visèrent en pleine course les cibles fichées dans le sol. Deux oiseaux magnifiques unis aux éléments.

C'était un jour de fête. Partout dans la plaine se dressaient des tentes d'apparat. Des poêles fumants, surmontés d'énormes marmites de thé au beurre bien épais, attendaient les convives. Une bonne odeur de vie nomade faite de cuir, de graisse rance, de fumée et d'encens régnait dans les demeures. Visiblement, ces gens-là n'étaient esclaves de personne. Contrairement aux îliens, ils n'acceptaient que ce qu'ils avaient décidé. Il suffisait de les regarder vivre pour comprendre qu'ils avaient appris la liberté dans le ventre de leur mère.

Un vrai peuple, sur une terre, avec une culture qui s'ancrait dans une mémoire partagée depuis des siècles. Éole et Tildé venaient de là ! C'était tout simplement impensable. Ces ancêtres, qui avaient trouvé leur juste place au sein de l'univers, avaient tout à leur apprendre. Une sagesse oubliée. Mais comment renouer avec la chaîne interrompue ? Comment faire revivre ce qui était fauché à la base ? Et puis, cette question insupportable : comment était-il possible que le passé fut meilleur que le présent ? Ce n'était pas dans l'ordre… Ou alors, si… La réponse était évidente. Depuis ces temps reculés, l'humanité n'avait fait que régresser. Un processus constant qui débouchait sur une fin annoncée.

Comme ils étaient sous le coup de cette découverte, des perceptions infimes affleurèrent leur conscience. D'abord un bruissement ténu, impossible à décrypter. Puis une force légère mais certaine. Une révélation foudroyante. Aussi incroyable que cela puisse paraître, ils interceptaient la respiration du monde. Saisissaient les paroles des arbres séculaires, le froissement d'ailes des insectes, le fredonnement des feuilles qui se déployaient. Les sources chaudes qui avaient le pouvoir de guérir leur murmuraient leur chant ombragé. Lorsqu'ils reconnurent l'étincelle de vie qui animait toute chose, un frisson d'extase les parcourut. Ils étaient au cœur de l'indiscernable. La source leur était donnée.

Doués du don d'ubiquité, ils pénétraient les spirales du temps par mille chemins, sillonnaient l'espace, revenaient sur leurs pas. Embrassaient la totalité. Quels jeux, et quels ravissements !

Il n'y avait pas que leur île. Cinq continents, plus admirables les uns que les autres, incisaient les flots. Des terres à en perdre le souffle. Des lieux où le regard ignorait les ruptures marines. Un repos pour les yeux. Et quelles belles saisons de feuilles et de branches !

★ ★ ★

Ils se réveillèrent pénétrés d'images sublimes.

— Nous étions presque au but. Nous devons y retourner, assura Éole.

— Tu crois vraiment ?

— J'en suis certain.

— Pour en arriver où nous en sommes aujourd'hui, il a dû se produire quelque chose de terrible.

— À quoi penses-tu ?

— Je ne sais pas, moi. Une catastrophe naturelle par exemple ?

— Ou bien le comportement des hommes…

— Ou les deux… C'est peut-être mieux de ne pas savoir.

— L'ignorance est la protection des lâches.

— Tu n'as donc pas peur de ce que nous pouvons découvrir ?

— Un Masculin n'a jamais peur, bluffa-t-il.

Ils ingurgitèrent le produit sans faiblir.

Ils auraient préféré ne pas savoir. Dans ce monde ancestral, les yeux et les oreilles n'avaient guère d'importance. Sauf pour voir et entendre, bien sûr. Les critères de ségrégation étaient ailleurs, et ils étaient multiples.

79

Pour discriminer, ces gens-là avaient une imagination sans borne. Les orientations sexuelles, la couleur de la peau, l'origine ethnique, les opinions, la pauvreté, le handicap, l'âge, le sexe… Parfois, tout à la fois. La moindre différence servait à classer, à rejeter, à punir. Les critères étaient si nombreux qu'il était impossible de les nommer tous. De les penser tous. Chaque jour, chaque contrée voyait naître de nouvelles aberrations. Des minorités transformées en boucs émissaires pour satisfaire la bêtise, les frustrations, le sadisme des foules lyncheuses.

Les couples de Féminines ou de Masculins n'avaient pas le droit de vivre ensemble, encore moins d'avoir des enfants. À part quelques exceptions, leur histoire constituait une longue suite de drames. Injuriés, raillés, chassés de partout, ils étaient marqués du sceau de l'infamie. Au mieux, on les déclarait déviants, porteurs d'un gène coupable, malades psychiatriques. Au pire, leur conduite était dénoncée comme fléau social, synonyme de honte, voire de péché mortel. Condamnés pour hérésie, ils étaient mutilés, torturés, mis à mort.

Éole et Tildé étaient sous le choc. Pourquoi le simple fait d'aimer suscitait-il cette débauche d'atrocités ? Ils pensaient avoir atteint le comble de l'horreur lorsqu'une plainte inhumaine les lacéra. Une résonance viscérale, dont l'écho taillada les tréfonds de leur âme. C'était Schiste et Basalte. Du moins, ce qu'il en restait. Deux fantômes silencieux parmi des milliers d'autres. Des ombres rayées d'un habit de honte, dans un camp sordide où les hommes pourrissaient sur place. Sur leur cœur étoilé, un surprenant marquage stigmatisait leur différence. Un triangle rose, pointe en bas, leur valait d'être livrés en pâture à leurs bourreaux et aux autres prisonniers. Quant à Sienne et Argile, elles étaient affublées du même étiquetage, mais de couleur noire. Parquées avec les asociales, les malades mentales, les prostituées.

Dans ce lieu sinistre, les Masculins et les Féminines étaient regroupés séparément, comme sur leur île, mais ils étaient réduits à néant. Utilisés comme des choses, jusqu'à la dernière extrémité, avant d'être assassinés. Les tueurs procédaient avec ordre et méthode pour mieux rentabiliser leurs crimes. Peur, méchanceté, instinct grégaire ? Quelles étaient les causes de ce désastre ? Comment des esprits rationnels pouvaient-ils basculer de la sorte ? Pourquoi passaient-ils la frontière qui, de l'humain, mène au monstrueux ?

— Même le Grand Décideur n'est jamais allé si loin dans la sauvagerie, se consola Éole.

— Question d'accoutumance.

— Que veux-tu dire ?

— Ce qui se passe chez nous, nous est simplement plus familier. Nous n'y prenons plus garde. L'habitude fait le lit de l'injustice.

Ils n'avaient encore rien vu. Sans raison apparente, des hommes en uniforme et bottes luisantes se jetèrent sur Schiste. Tout en lui hurlant des injures, ils le plaquèrent au sol, le rouèrent de coups de pied. Incapable de se défendre, Schiste se roula en boule. Un animal sans défense. Son réflexe de sauvegarde déclencha un nouveau déferlement de violence. Les brutes lui arrachèrent ses nippes, ironisèrent sur son corps décharné, le coiffèrent d'un seau rempli d'ordures. « Eh bien, dansez maintenant ! » lui hurla l'un des tortionnaires tandis que les autres riaient du bon mot. « Danse, pédé ! » se mirent-ils à chanter sur l'air de *Heilige Nacht*[1]. Incapable de se relever, Schiste se traîna un moment sur le sol. Pendant toute la scène, aucune plainte n'était sortie de sa gorge. Il releva son visage tuméfié. Juste un signe vers Basalte pour lui faire comprendre qu'il savait – la mort était son ultime espérance. Elle seule le mettrait hors d'atteinte. D'un battement de cils, il empêcha son ami de lui venir en aide. Son regard voilé exprimait une volonté de fer. « Je veux que tu vives ! » exigeait-il. Basalte acquiesça du menton. « Si je m'en sors, je te le jure, je témoignerai jusqu'à mon dernier souffle. Rien ne m'arrêtera », jura-t-il. Ce serment de silence, plus fort que les mots prononcés, l'engageait pour toujours. Et puis soudain, le fil invisible qui unissait les amants se dispersa à tout vent. Les bourreaux venaient de lâcher leurs molosses

---

1. *Heilige Nacht* : Sainte Nuit.

sur Schiste. À l'instant où la meute s'arracha le malheureux, la douleur fut si aiguë que Basalte s'échappa de lui-même. L'appel déchirant qu'Éole et Tildé avaient entendu, ce n'était pas les cris de souffrance de Schiste, mais les larmes intérieures de Basalte. Son amour martyrisé. Son impuissance à le sauver.

Autour d'eux, personne n'avait bronché. Ni pitié, ni joie, ni colère. Pas même une once de curiosité. Rien. L'au-delà de l'épuisement. Une déshumanisation programmée. Aucun d'eux ne s'était comporté en homme. La tâche était-elle donc impossible ? L'homme n'était-il qu'une invention coupable ? Un concept créé par des utopistes en mal de pureté ? Ou pire, un alibi cynique pour endormir des peuples trop crédules ?

Emprisonnés dans leur cauchemar, Éole et Tildé cherchaient désespérément la sortie, mais ils se cognaient aux remparts d'un passé plombé. En comparaison de ce qu'ils venaient de voir, l'île leur semblait un havre de paix. Sous leurs paupières barricadées, des milliers de phosphènes[1] continuaient de se transformer en images plus ignobles les unes que les autres. Une ronde diabolique au seuil de l'imaginaire. Soudain, le paysage prit des contours impressionnistes. Et puis, tout se brouilla.

---

1. Phosphènes : images lumineuses produites par une compression pratiquée sur l'œil et transmise à la rétine.

★ ★ ★

Ils se réveillèrent, des larmes plein les mains. Désormais lucides, ils avançaient à nu.

— Nous ne serons plus jamais heureux, réalisa Éole.

— Nous le serons à demi. Avec cette fêlure, ce désert en nous. Le lot de tous ceux qui acceptent l'éveil.

— Je crois que je préférais avant.

Tildé repensa à un impératif qu'Argile lui répétait : «Dans la vie, conduis-toi comme un Homme, ma fille.» Bien que le mot «Homme» fût interdit, elle le prononçait avec ravissement dans le secret de la maison. Pressentant qu'il y avait là un message essentiel, la jeune fille d'habitude si rebelle, acquiesçait sans vraiment comprendre. Aujourd'hui, l'héritage prenait tout son sens. Rien n'était acquis, tout à conquérir. L'humanité était le point d'horizon auquel il fallait se tenir. Souquer ferme, sans compromis ni compromission. L'abandon de ces valeurs menait au pire. «Je ferai de mon mieux», promit-elle à l'absente. Même si elle ne finissait pas la tâche, elle devait la commencer.

Ils absorbèrent le reste de la drogue avec l'angoisse au cœur. Une atroce vision les transperça. La peau de la planète n'était qu'une plaie vivante. Striée de cicatrices purulentes, chauffée comme une serre, elle agonisait. Ses entrailles, forées jusqu'à la moelle, avaient vomi leurs dernières richesses. Leurs prédécesseurs avaient tout vidé. Pour nourrir des êtres aussi avides, il eût fallu dix planètes comme celles-ci. Quelle sorte de folie les avait poussés à ce festin de pierre ? Des ogres qui, en toute connaissance de cause, avaient dévoré l'avenir de leurs propres enfants. Même dans les contes les plus cruels, on n'imaginait pas de tels comportements. Indifférents au sort de leur lignée, ils avaient laissé derrière eux un univers flasque – une grenouille en hiver[1].

Soudain, Éole et Tildé entendirent des voix monter des rondeurs de la Terre. En ce siècle avancé des penseurs professionnels prônaient une philosophie nouvelle. En fait, un retour aux sagesses anciennes. Stoïciens, épicuriens, cyniques grecs avaient jadis promu ces mêmes valeurs, mais les hommes avaient la mémoire oublieuse. Sobriété heureuse, paix intérieure, contentement dans l'Être, refus de l'Avoir. Ces choix de vie pouvaient encore sauver l'humanité. Quant à la démesure, l'Hybris dénoncée par les sages, elle était bien la cause de tous les maux. L'ère de la décroissance et de la solidarité avait sonné. Désormais, si un seul groupe, un seul homme se dissociait, tous se perdaient. Liberté, égalité, fraternité. La formule révélait à présent sa véritable portée. Manquer de fraternité, faire passer son intérêt d'abord, c'était choisir l'inégalité qui entravait la liberté de tous et de chacun. Ces trois principes ne représentaient pas seulement un idéal, ils

---

1. Expression tirée du poème de Primo Lévi *Si c'est un homme.*

étaient vitaux. Pourquoi ne l'avaient-ils pas compris plus vite ? À présent, les humains n'avaient plus d'autre choix. L'équité ou la mort. Si on y regardait de plus près, la devise était révolutionnaire. Tout renverser. Partager le peu qui restait. Vivre ensemble. Il était encore temps.

— Ils n'étaient donc pas tous mauvais, tenta Éole.

— Des égoïstes sans jugement ! Tout ce que le progrès technique leur permettait de faire, ils le faisaient. La réflexion leur venait trop tard. Des arrogants, qui se croyaient maîtres et possesseurs de la nature, alors qu'ils en étaient les enfants. Au lieu de chercher à prendre, ils auraient dû apprendre à remercier.

— Tu… Tu n'as rien remarqué ?

— Si, répondit-elle avec inquiétude.

— Cette fois, nous sommes dans le même rêve. La preuve, nous pouvons échanger sur ce que nous voyons.

— Je ne crois pas que ce soit bon signe. Crois-tu que ce songe soit le dernier de notre vie ?

— Il paraît que la sagesse vient par les rêves.

— De toute façon, nous sommes embarqués.

— On finit toujours par se réveiller.

— Pas toujours, répondit-il, inquiet.

À présent, de sombres questions se bousculaient dans l'esprit d'Éole. Et s'ils restaient prisonniers de ce monde en dérive ? S'ils ne revoyaient jamais leur île, leurs parents ? Leur société n'était peut-être pas parfaite, mais à côté des horreurs du passé, elle semblait paradisiaque.

Comment ne pas chavirer en regardant l'histoire ? Un déferlement d'absurdités plus atroces les unes que les autres. Quelle désespérance. Quel écœurement. À quoi bon continuer ? Un néant l'aspirait. S'il se laissait aller, il lui serait impossible de revenir. Mais où trouver un contre-courant ? Alors, il leva les yeux vers Tildé, si forte, si sereine, plongea en ses prunelles comme en un fleuve immense. Il flotta un instant dans ses iris couleurs de nuit, sentit ses forces lui revenir. Nul besoin de mot, le pouvoir de l'amour suffisait. Il lutterait pour elle. La sortirait de là. Lui avec. Après tout, n'était-il pas un Masculin ?

Au moment même où il se rassurait, d'extravagants personnages s'invitèrent dans son rêve. Messies, rédempteurs, *conduttore* en tout genre se gargarisaient de leurs couplets. L'ère des propagandes avait sonné. Face aux masses aux abois, face à une jeunesse sans avenir, les faux porteurs d'espoir faisaient fureur. Pour distinguer le bon grain de l'ivraie, il fallait garder l'esprit froid.

— Si nous écoutions ces deux-là ? Ils ont l'air tellement sincères, proposa Éole en désignant des prêcheurs qui haranguaient la foule.

Le premier prophète se nommait Sabbatai et le second Zévi. Ils se donnaient la réplique à la perfection. Un numéro bien monté.

— L'humanité s'est lourdement fourvoyée ! déclara d'emblée Sabbatai. Toutes les catastrophes que nous connaissons aujourd'hui viennent d'une seule et même erreur ! Une erreur grossière !

— Dénonce-la, mon frère ! Sauve-nous, afin que la finitude du monde ne succède pas à sa plénitude, implora Zévi en prenant un air inspiré.

— Tout le mal vient de notre conception du temps.

— Notre conception du temps ? Comment une simple idée pourrait-elle avoir tant de puissance ?

— La pensée a bien plus d'emprise que tu ne l'imagines. C'est même l'activité la plus dangereuse qui soit. Alors, écoute ma thèse. De faux penseurs ont prétendu que le temps était une ligne droite !

— Il ne l'est pas ?

— Non ! Cent fois non ! Seul le cercle est parfait. Le ciel est rond comme la Terre, le vent tourbillonne. Les oiseaux font leur nid en rond. Le soleil s'élève et redescend dans un cercle, la lune aussi. La vie d'un homme est un cercle d'enfance à enfance. Le temps, de même, est une boucle, sans commencement ni fin. Chaque cycle se termine par une conflagration, puis tout revient à son point de départ. À l'infini.

— Un éternel retour en somme ?

— Puisque tu vois juste, tires-en les conséquences.

— Le progrès n'est qu'un leurre, voué à une destruction périodique.

— Exactement ! L'homme a cru trouver le bonheur en agissant sur le monde extérieur alors qu'il n'avait de pouvoir que sur lui.

— Mais alors, tu conseilles la passivité ?

— Je propose l'action sur soi. Et la tâche est immense !

— Tu veux dire qu'il faudrait se changer soi-même plutôt que l'ordre du monde ?

— En croyant soigner les maladies, on en a fait apparaître de nouvelles. La recherche du confort et du plaisir a engendré la destruction de l'ordre naturel. En accumulant des biens matériels, l'homme n'a fait que s'appauvrir. Il est en train de payer le prix fort. Car, vois-tu, rien n'arrive gratis.

— La vraie richesse ne serait donc pas matérielle ?

— Les seuls vrais biens sont ceux que nul ne peut nous prendre. Hormis notre jugement, rien ne nous appartient. Changeons notre façon de voir et contentons-nous de ce qui est en notre pouvoir.

— Si chacun pensait ainsi, il n'y aurait plus de rivalité entre les hommes. Ils vivraient en harmonie avec leur entourage.

— Exactement ! Plus de Tpmp, plus de Nanoub-Atp !

Il y eut un long moment de silence, pendant lequel le prédicateur goûta son petit effet avant de reprendre pour l'auditoire.

— Mes frères, je sens que ces formules vous laissent pantois. Vous vous demandez s'il s'agit d'une nouvelle supercherie ou d'une théorie pour initiés en mal de pouvoir ? Eh bien non, rassurez-vous ! Je ne suis ni un usurpateur ni un gourou. Les Tpmp, les Tout pour ma pomme, et les Nanoub-Atp, Nous allons nous faire du bien à tout prix. Après moi, le déluge, si vous préférez. Telle est la maxime de ceux qui ont fait notre malheur. Leur attitude ingrate a engendré tous les fléaux de la Terre ! Refusons d'être des leurs !

— Désormais l'égoïsme est passé de mode ! L'homme n'est qu'un microcosme dans un macrocosme. Il est temps de comprendre que le cosmos est un Grand Vivant qui respire au rythme de ceux qui l'habitent et parle à ceux qui savent l'entendre.

— Déchiffrons ses appels avant qu'il ne soit trop tard !

— Vous voulez vraiment empêcher la catastrophe ? sondèrent-ils en s'adressant au public.

— Oui, nous le voulons ! approuva l'assistance en état d'exaltation avancé.

— Vous le voulez vraiment ?

— Oui ! supplièrent-ils d'une même voix.

— Que votre oui soit oui. Nous voulons mieux l'entendre.

— Oui ! s'égosillèrent-ils simultanément.

— Bien ! Maintenant, reprenons tous ensemble, sommèrent les deux chantres.

Sur ce, l'assemblée s'agenouilla et se mit à scander l'acte de foi qui allait la racheter. Certains pleuraient, d'autres, extrêmement pâles, répétaient les mots mécaniquement.

Il y eut quelques évanouissements et des transes. Mais chacun s'engagea dans la même espérance :

— Je ne tuerai les animaux que pour me nourrir. Quand je déterrerai des plantes, quand je construirai ma maison, je ne mutilerai pas le sol. Je ne couperai plus les arbres, j'attendrai que leurs fruits tombent. Je n'utiliserai que du bois mort. Les pierres sont les os de la Terre et les herbes ses cheveux. Il y a des leçons à tirer de chaque feuille et de chaque rocher. La Terre est ma mère qui me donne force et sagesse, non pour être supérieur aux autres, mais pour combattre mon plus grand ennemi, moi-même.

Après ce grand moment de catharsis collective, chacun rentra chez soi, régénéré.

★ ★ ★

Ce qui suivit ne surprit ni Éole, ni Tildé. À présent, ils avaient l'habitude. Au lieu de réagir avec mesure, la passion et l'aveuglement l'emportèrent de plus belle. Une véritable furie écologique s'empara des Terriens. Le politiquement correct, la vertu et l'anathème changèrent de bord. Au lieu de symboliser l'espoir et la fierté, le vieil adage « on n'arrête pas le progrès » prit une forme exclusivement négative. Malheureusement, on n'avait plus le pouvoir de l'arrêter ! Il était le moteur qui s'emballe, la folie de l'apprenti sorcier, la ruine de l'espèce. On vit apparaître des naturophiles, écophiles, biophiles, green-philes de tout poil, et la théorie des climats redevint très tendance. Chacun parlait pour sa chapelle. Pour faire passer de nouveaux impôts, des économistes inventèrent des taxes aux noms poétiques. Il y eut d'abord la taxe Hercule qui symbolisait l'immensité de la tâche à accomplir. Puis la taxe Zeus pour dépolluer le ciel, la taxe Poséidon pour purifier la mer et les fleuves, l'Éolienne pour le vent, celle d'Héphaïstos pour les volcans. Enfin la contribution Tantale fut appliquée à ceux qui refusaient de vivre sobrement. Des remises d'impôts, des médailles et des récompenses en tout genre furent octroyées à ceux qui consommaient le moins, à ceux qui procréaient le moins. Car le globe saturé dégorgeait du grand nombre. La rareté conférant l'importance, l'humain devint une non-valeur. Une Déclaration du droit des choses se substitua à celle des droits de l'Homme. Comme il fallait vivre dans la retenue, l'avarice devint vertu. Des stakhanovistes de la radinerie firent fortune en donnant leurs recettes : « Comment bien vivre sur le petit braquet »

Les scientifiques y allèrent aussi de leurs strophes. Après maints sommets et colloques, ils finirent par trouver une solution géniale. Pour se débarrasser des gaz à effet de serre, il suffisait de les reclure dans les profondeurs terrestres. Ils avaient tout étudié, l'affaire était sans risque. On les écouta. De gigantesques aspirateurs, hauts comme des gratte-ciel, capturèrent des millions de tonnes de CO_2, puis à l'aide de seringues géantes, on pratiqua des injections létales au cœur de la Terre. Les pays pauvres servaient de lieu de séquestration. On se réjouit de la trouvaille. L'homme était le plus fort, les éléments pliaient encore.

Le drame survint quelques années plus tard. On entendit d'abord des gargouillis infâmes, impossibles à localiser, qui montaient des tréfonds. Puis on enregistra de longs spasmes de douleur qui secouaient les abysses. Les phénomènes pouvaient se produire à des milliers de kilomètres des lieux de stockage. Emprisonnés à l'intérieur d'une immense cocotte-minute, les gaz mettaient une pression d'enfer à la surface. La croûte terrestre craquait de toutes parts. Pour creuser des voies de détournement, on éventra les sols en toute hâte. Mais il était trop tard. Les gaz impatients rejaillirent des volcans avec une force inouïe, entraînant avec eux d'énormes coulées de lave. On compta des millions de victimes – les plus faibles d'abord.

Pour prendre les mesures nécessaires, il aurait fallu prévoir une politique sur trente ans. Aucun gouvernement n'eut ce courage. Du reste, aucun esprit n'était vraiment capable de penser un tel imbroglio. Politique, population, planète, économie, agriculture. Tout se tenait. Un jeu de dominos. Tous connaissaient l'issue, mais chacun se disait que cela pouvait durer encore. Au moins ne verraient-ils pas la fin. Ils réservaient le cadeau à leurs enfants. À l'horizon d'un futur sans avenir, la shoah de la planète.

Et puis, le jour noir de l'humanité arriva. Un *Ground Zero*[1] qui ne serait jamais commémoré ni transmis. Pour quoi ? Pour qui ? Maintenant que le point de bascule était franchi, l'histoire se résumait à une ineptie. L'équilibre précaire qui unissait les éléments s'était déconstruit. L'eau, l'air, la terre, le feu, grondaient leur révolte. Prise de fièvre, la planète entière vacillait. Un grand corps touché à mort, qui poussait des plaintes déchirantes en livrant ses derniers soubresauts. Éole et Tildé assistaient impuissants à la disparition d'une vie foisonnante. Une vie dont on les avait spoliés.

Acculés au seuil des rivages, des troupeaux qui ne pouvaient passer d'une terre à l'autre piaffaient de terreur. Le bombardement de leurs galopades effrénées finit par fendre la cosse terrestre de part en part. Des cataclysmes en série suivirent. Séismes, tornades, tsunamis devinrent pain quotidien. Désormais, plus d'issue, les continents ne contenaient plus rien. Les animaux, les plantes, les humains s'abîmaient dans un destin commun.

---

1. *Ground Zero* : terme anglais qui désigne l'endroit précis où une explosion a eu lieu sur le sol ; expression surtout utilisée à partir des attentats du 11 septembre 2001 pour indiquer l'emplacement du World Trade Center à New York.

Les virus retenus au fond des mers explosèrent, provoquant des pandémies dignes des pires prédictions de Nostradamus. Des espèces qui avaient nourri les hommes pendant des millénaires se mirent à les contaminer. La peste du cabillaud, le choléra de la sardine, la grimaçante de la baudroie, la grippe aviaire du poisson volant, la tortue folle, la poilante de la barbue, et autres calamités des plus funestes s'abattirent sur le peuple humain. Les symptômes étaient épouvantables. De larges écailles leur poussaient sur les yeux et les oreilles, leurs sens s'atrophiaient, leurs paupières tombaient. Leurs bouches avides de paroles s'arrondissaient sur des mots de silence. Incapables de dire leur désarroi, les malheureux se retrouvaient muets comme des carpes. Ils finissaient par entrer en hypothermie avant de mourir dans de terribles spasmes. Étouffés par l'air ambiant.

Pour amadouer les forces occultes, ils promirent à leurs saints, aux dieux et à leurs semblables, tout ce qui pourrait les faire rentrer en grâce. Ils s'engagèrent à tenir ensemble toute chose et son contraire. Le changement dans la fidélité, la lutte dans l'acceptation, la passion dans la mesure. Autant de mots, autant de serments. Mais la nature n'avait que faire de leurs salamalecs. Elle suivait son chemin en aveugle, sans attention aux fourmis qu'elle écrasait sur son passage. Comment les hommes avaient-ils pu imaginer qu'elle n'avait jamais eu la moindre intention à leur égard. Quelle fatuité!

Elle cherchait juste à retrouver son équilibre malgré les tortures endurées. Les dévastations, les ruines, la mise à mal de l'humanité, faisaient simplement partie d'un mécanisme de régulation. La descente aux enfers était inéluctable.

Alors, les baobabs aux bras feuillus, aux troncs inébranlables comme des poteaux de cathédrale, se mirent à tomber comme des brindilles en poussant des cris de douleur. Les papillons, les oiseaux, ne pouvant plus se poser sur les arbres, ni migrer, recouvrirent les sous-bois d'un immense tapis d'ailes. Un voile mortuaire, somptueux et vain, comme l'existence. La destruction de la diversité était amorcée. Désormais, aucun retour possible.

— Tu as vu ces espèces fabuleuses ? Quelle variété ! s'ébahit Éole.

— C'est incroyable comme ils ressemblaient aux hommes ! s'exclama Tildé en voyant passer une réunion d'éléphants aux oreilles pensives, un couple de loutres féroces, une famille de singes au regard intérieur.

— Pourquoi ne s'apercevaient-ils pas que les animaux étaient leurs frères ?

— Des voyants aveugles qui fonçaient droit dans le mur.

Éole et Tildé virent des icebergs en débâcle, des océans gonflés, des continents engloutis. Des populations entières emportées comme des fétus de pailles. La rondeur de la Terre ne les protégeait plus. Le système affolé s'écroulait comme un jeu de dominos. La sécheresse, la montée inéluctable des eaux, la salinisation des champs, la mort du bétail, des humains. Des émeutes de la faim suivies de répressions sanglantes. Une humanité en déréliction.

— Quel naufrage ! Ils ne méritaient pas un tel sort ! se désola Tildé.

— Ils auraient dû lutter.

— On peut lutter contre la tyrannie, pas contre la nature.

Comme dans un mauvais film, ils assistèrent *in live* à un nettoyage ethnique sans précédent. Des milliards de morts, de déportés dans le silence le plus total. Une sélection impitoyable qui arrangeait les survivants. Un génocide à l'échelle du monde. Et pour couronner le tout, une guerre sans merci, dans un seul but : s'emparer des derniers îlots de vie.

Désormais, le monde obéissait à une logique binaire qui tenait lieu de morale. Envahir ou éjecter. Dans un cas comme dans l'autre, des massacres sans précédent. Les pays protégés, transformés en bunkers, érigeaient des camps de concentration gigantesques pour se défendre des envahisseurs. Barbelés électrifiés, rafles, rejets. Interdiction de circuler ou de s'installer librement. Les bouleversements du climat agissaient comme une machine sans tête à décapiter les pauvres. Seuls les plus fortunés avaient les moyens de partir. Toute faiblesse devint une faute. Les foules sans voix, celles du Sud, les autochtones, succombèrent les premières. Des migrations climatiques massives. Une humanité entière jetée en diaspora. Les hommes, comme les oiseaux migrateurs, parcouraient la Terre de long en large. Des hommes privés de sol. Ne pouvant même plus se représenter les endroits qu'ils avaient quittés, où leurs pères avaient vécu, dessaisis de leur imaginaire. Une Terre natale devenue fatale. Comme dans l'enfer de Bosch, des supplices anonymes, chacun cloîtré dans sa propre douleur, au milieu de grouillements infâmes.

Dans les océans aussi, la force faisait loi. Les prédateurs s'engraissaient sur le dos des espèces les plus fragiles. Quant aux animaux terrestres, seuls ceux qui étaient capables de passer d'un continent à l'autre survécurent au chaos. Finalement ne restèrent que les insectes, quelques oiseaux, et une poignée d'hommes. Les plus riches, les plus forts, les plus rapaces. Rien d'autre.

Éole et Tildé auraient préféré être les enfants d'une tout autre famille.

— Ils ont fait de nous des orphelins de la nature, réalisa Tildé.

— Est-il possible que nous descendions d'êtres aussi cruels ?

— La cruauté n'est pas héréditaire.

— Il faut croire que l'humanité était un rêve impossible, conclut Éole. Seuls les plus inhumains étaient capables de survivre, et…

Craignant de l'entendre prononcer des mots de bassesse, elle l'arrêta :

— Je refuse d'être le fruit de cette sélection-là !

Ils tentaient ensemble d'élucider les mystères de leur origine lorsque des contours familiers leur barrèrent l'horizon. L'île était de nouveau devant eux, mais les temps étaient autres. La vue de cet univers apprivoisé fit éclater en eux une joie de naissance. Ils n'avaient pas mesuré l'attachement qu'ils portaient à leur minuscule territoire. Après ce qu'ils venaient d'endurer, ils revenaient au port. Même si les lieux d'antan différaient de leur réalité, ils se retrouvaient quand même chez eux. L'océan d'alors regorgeait de trésors inouïs. Il n'était pas barbouillé de teintes boueuses, ni infesté d'espèces monstrueuses. Des myriades de poissons aux formes achevées, aux couleurs fastueuses, fendaient des eaux où l'émeraude, le cobalt, la turquoise, rivalisaient de splendeur. Des bans de méduses translucides dardaient des reflets de lune. La mer n'était pas un cimetière, mais un savant écrin garni de races précieuses. Les terres en surplomb, couvertes de végétation, défiaient les flots avec arrogance. Un azur insolent, ponctué de nuages de coton, abritait sous sa voûte des Terriens qui rassemblaient les raisons du bonheur.

— Tu commences à comprendre ce qui s'est passé ? interrogea Tildé.

— Je crois que oui. Le toit du monde s'est retrouvé les pieds dans l'eau.

— Tu veux dire que le ciel s'est rapproché de la Terre ?

— Ou bien l'inverse. En tout cas, les continents ont été engloutis les uns après les autres, en commençant par les plus bas. Finalement, seule la partie la plus élevée de la planète a résisté. Mais elle s'est enfoncée jusqu'à devenir une simple montagne, entourée de plateaux et de plaines, maintenant au ras des eaux. Ce que nous connaissons aujourd'hui.

— Je comprends mieux pourquoi l'oxygène est si rare chez nous. Auparavant, nous touchions le firmament.

— Nous le touchons encore, mais nous avons perdu tout point de comparaison. Nous sommes seuls. Tu comprends ce que cela signifie ? Seuls ! martela-t-il.

Comme ils parlaient, une fragrance fougueuse vint chatouiller leurs narines. Leur odorat se mit en alerte. À leur insu, tous leurs sens suivirent. Ils n'avaient jamais rien respiré de semblable. Une force incomparable prodiguée par un simple effluve.

— Tu as senti ? interrogea Tildé.

— Oui. Je crois que cela vient de la mer.

La sensation était si balbutiante qu'ils se turent un instant pour tenter de l'identifier. Le nez au vent comme de jeunes chiens, ils cherchaient dans leurs souvenirs un lien quelconque, un air de ressemblance. Mais rien n'y faisait.

— Je n'arrive pas à mettre un mot dessus, s'agaça Éole.

— Une fragrance de vie et de vent… Je me sens transportée.

Ils fermèrent les yeux et respirèrent à pleins poumons pour s'imprégner de l'exhalaison créatrice.

— Ce n'est pas normal. D'habitude, les rêves n'ont pas d'odeur, s'inquiéta Tildé.

— Qu'est-ce que cela signifie ? Tu crois que nous sommes morts ?

— Non, mais après ce qui est arrivé à nos ancêtres, cela ne saurait tarder.

— Que leur est-il arrivé d'après toi ?

— Deux solutions : les exilés qui ont accosté ici ont réussi à s'adapter et ils ont fait souche, ou bien nous sommes issus des natifs de ce pays. Nomades ou sédentaires. Les deux sont possibles. Mais ce n'est pas du tout le même esprit.

— Il y a une troisième solution.

— Laquelle ?

— La population de l'île pourrait être composée d'indigènes et d'immigrés.

Le puzzle se reconstituait peu à peu, mais rien n'expliquait le mur, l'orientation sexuelle imposée, l'oligarchie là-haut avec ses prérogatives insensées. Tildé se réservait le moment où elle en parlerait à Éole. Le problème qui les taraudait pour l'instant était celui de leur filiation. S'ils ne parvenaient pas à le résoudre, ils ne pourraient jamais diriger leur futur. Néanmoins, ils avaient acquis une certitude. Ils étaient bel et bien les derniers d'un genre en voie d'extinction. Les ours blancs de l'humanité.

★ ★ ★

Sans crier gare, de nouvelles images les firent basculer dans l'horreur. À présent, les migrants étaient devenus le premier peuple du monde. L'île, un radeau de la méduse. Les rescapés qui avaient réussi à se hisser repoussaient les nouveaux venus avec une sauvagerie inouïe. Au lieu de s'entraider, ils s'entretuaient de plus bel. Dans ces conditions extrêmes, ils se montraient moins hommes que jamais.

Il ne resta bientôt qu'une poignée de survivants, tous des Masculins, déterminés à vivre. Après une interminable dérive qui les avait menés au cannibalisme et à la folie, ils accostaient. Des êtres sans foi ni loi, prêts à tout, armés jusqu'aux dents. Ils entrèrent dans l'île comme on viole une femme. Leur première fureur passée, ils poursuivirent avec prudence. Des fauves à l'affût, prêts à bondir sur le moindre obstacle qui leur barrerait la route. Ils étaient les plus forts, le sol était à eux.

Non loin, dans un antre aux parois polies par le temps, deux enfants tremblaient de peur. Blottis l'un contre l'autre, ils tentaient de se rassurer mutuellement. Se cajolaient, prononçaient des mots de tendresse, parvenaient à s'arracher des rires. Leurs vêtements aux couleurs ensoleillées, les coquillages argentés qui scintillaient dans leur tignasse brune, et mille autres petits signes indiquaient qu'ils avaient été jusqu'alors choyés. De lourds colliers d'ambre et de turquoise descendaient jusque sur leur poitrine. Sans doute les avait-on parés de ces talismans pour les protéger du mauvais œil. Autour d'eux, un incroyable bric-à-brac. De quoi tenir un siège. Des bouses de yack séchées pour faire du feu, des aliments comestibles, du beurre, du fromage, du thé en briques. Des bols de laiton débordants d'eau encore fraîche. Des paniers d'osier garnis de beignets tressés. Des plantes médicinales, du tabac, de la poudre d'or. Au sol, des fourrures douces, des couvertures, des tapis de caravanes. Une vraie caverne d'Ali Baba. Ils attendaient que l'on vienne les chercher, avec ce regard souriant et grave qu'ont parfois les enfants qui pressentent le monde. Leurs traits pleins respiraient le bonheur encore proche. Leur expression de liberté, les ébauches de sourires accrochés à leurs joues tendres, tout en eux réfléchissait le don d'amour. Un amour donné sans compter, par des parents oublieux d'eux-mêmes. Quelle raison tragique avait bien pu les pousser à abandonner ainsi leurs petits ? Fallait-il qu'ils aient touché le fond pour les laisser ainsi à la merci de n'importe quel prédateur ? En dernier recours, ils avaient sans doute espéré qu'il existait encore des Justes. Des hommes capables d'en secourir d'autres sans rien attendre en retour.

Tildé identifia immédiatement les lieux.

— La grotte, là, je la reconnais ! s'écria-t-elle.

— Quelle grotte ?

— Celle où j'ai laissé Sienne !

— Où l'as-tu laissée exactement ?

— Je te raconterai plus tard. Regarde ! J'ai l'impression que c'est nous ! Ce sont tes oreilles en coquillages.

— Tes yeux de nuit.

— Ouvre ta main droite pour voir !

Ils firent tous deux le geste en même temps. Un grain de beauté identique marquait l'intérieur de leur paume. Ce signe les fit éclater de joie. Ils étaient l'un pour l'autre, bien au-delà des temps.

— Regarde ce que le garçon porte autour du cou, s'exclama Éole. Schiste arborait la même parure, mais il ne m'a jamais laissé la toucher. Il disait qu'elle contenait un message codé.

— Et tu n'as pas cherché à savoir ? s'étonna Tildé en pensant à sa propre insistance à faire parler ses mères.

— Il m'avait promis de m'initier avant ses trente ans. J'attendais ce moment à reculons, tu t'en doutes.

Tildé observa le bijou avec une intensité telle que ses prunelles se rétrécirent en cascade. Il s'agissait d'un reliquaire d'argent serti de pierres précieuses. Du corail pour s'accorder au soleil, de la turquoise pour se relier au ciel, de l'ambre blond pour s'enraciner dans la terre. Des dzi[1] blancs veinés de noir parachevaient l'ensemble. Ces pierreries dégageaient une prodigieuse énergie protectrice. Le joyau constituait en soi une œuvre d'art, mais là n'était pas l'important. Seule comptait son essence secrète. En plissant les yeux à l'extrême, la jeune fille finit par deviner, gravés dans le métal, des caractères lavés par les années. Elle commençait à les décrypter lorsqu'un invraisemblable charivari détourna son attention. Des borborygmes, suivis de hurlements de loup, précédaient l'entrée des conquérants. La gueule tordue, le regard mauvais, ils apparurent dans l'embrasure de la grotte. Deux mastodontes se dégagèrent de la meute et, d'un pas décidé, foncèrent sur les enfants.

— Ils vont les massacrer ! Je ne veux pas ! hurla Tildé.

— Ne t'inquiète pas, je ne les laisserai pas faire, répondit calmement Éole.

La fillette tétanisée enfouit son visage dans ses genoux tandis que le garçonnet se levait d'un bond. Le torse

---

1. Dzi : pierre précieuse.

bombé, les poings serrés, il fixait les monstres sans faiblir. À cet instant, l'incroyable se produisit. Au lieu de mettre les gamins en charpie, les colosses les contemplèrent avec compassion. Une expression de bonté les auréola soudain. À leur insu, ils se découvraient un cœur de père. Contre toute attente, ils échangèrent un signe de connivence, puis entonnèrent de concert une étonnante mélopée. Leur langue était impénétrable, mais les tonalités étaient celles de toutes les berceuses du monde. De quels confins oubliés ces chants provenaient-ils ? Quelle mémoire collective, quelles strates de l'inconscient recelaient un tel héritage ? L'ignorant eux-mêmes, ils se laissaient porter. Avec mille précautions, ils recueillirent les chérubins au creux de leurs bras de lutteurs. Lovés dans cet écrin de muscles, à bout d'émotions, les gamins s'assoupirent d'un bloc. Ils les déposèrent délicatement sur le sol et les couvrirent d'une fourrure de yack. Puis ils se tournèrent vers leurs congénères, développèrent leur impressionnante carcasse pour faire barrage. « Si l'un de vous ose toucher un seul de leurs cheveux, il termine en bouillie ! Compris ? » menacèrent-ils. Pour renforcer l'avertissement, ils exhibèrent leurs pognes articulées comme des tenailles et réduisirent quelques roches en miettes. Mais leur trésor n'intéressait personne. Du reste, personne n'avait prêté la moindre attention à cette scène singulière.

Pendant qu'ils s'étaient adonnés à leurs cajoleries en oubliant le reste du monde, la horde s'était ruée sur tout ce qui se trouvait à sa portée. Les mets exquis avaient été ingurgités en un clin d'œil, l'eau bue, le tabac chiqué. Les couvertures, les coussins, les tapis avaient été piétinés. Les joyaux disloqués. Les onguents et les plantes curatives dispersés. Une razzia aveugle et sourde. Lorsque les vandales furent repus, ils se sentirent contentés et vides en même temps. Pour effacer le goût amer du ravage, ils firent cercle autour d'un brasier crépitant. Ils n'avaient pas vu de feu depuis si longtemps. Les flammèches vivantes faisaient briller leurs yeux. Ils s'amusèrent à jeter dans les flammes des écorces qui se tordaient comme des corps de femmes. Une supplique douloureuse et fascinante qui faisait naître en eux une chaleur désapprise. Comme une ébauche de sentiments. Les pétillements clairs du foyer, le retour à une culture, même saccagée, leur redonnaient un semblant d'humanité. L'un d'eux se leva massivement pour haranguer ses comparses. Une force prodigieuse se dégageait de sa personne. On sentait qu'il lui suffisait de regarder un adversaire de tout son haut pour le réduire à la taille appropriée. Sa carrure impressionnante, son cou anormalement large, son front de taureau, n'y étaient pas pour rien. Le silence se fit sur-le-champ, l'homme était respecté. Il avait la capacité meurtrière des décideurs, ceux qui choisissent sans état d'âme. Non seulement il avait du sang sur les mains, mais bien plus, il possédait l'art de la parole. Il se faisait appeler le Grand P. et se targuait d'un savoir oublié. De fait, il possédait le Dernier Livre. Mais confondant la ruse avec l'intelligence, et le cerveau avec un muscle, il n'y avait pas compris grand-chose. Durci par ses convictions, il était du genre à ignorer le doute et se prenait pour un bâtisseur.

— Hommes ! Puisqu'il faut encore vous appeler ainsi, déclara-t-il. Ici prend fin votre errance. Vous venez de trouver ce que vous cherchiez depuis si longtemps. Une contrée qui regorge d'animaux, de plantes, d'arbres, d'eau douce ! De quoi vous nourrir et vous abreuver pendant des décennies. Des maisons encore chaudes de leurs occupants pour vous abriter. Il se tut un instant pour donner plus d'impact à ses propos, puis décréta en détachant chacun de ses mots. Je déclare que cette île est à vous !

— L'île est à nous ! rugirent les conquérants pour une fois solidaires.

— Seulement, cette Terre bénéfique, il faut la faire durer. Il n'y en a pas d'autre. Il n'y en aura plus jamais d'autre.

Il changea soudain de ton.

— Regardez comme vous venez de vous conduire ! moralisa-t-il en essuyant les reliefs du repas qu'il venait lui-même d'engouffrer. Il ne reste plus rien ! Stupide que vous êtes !
Pour toute réponse, certains émirent des grognements informes, pendant que d'autres opinaient du bonnet.

— Alors, voilà ce que je vous propose. Les hommes ont toujours eu besoin d'un chef ! Il n'y a jamais eu d'autre moyen pour éviter les détournements, la corruption, la misère. Après tout ce que vous avez surmonté, la chienlit serait bien le pire des maux. Pour vous éviter cela, je m'attellerai moi-même à la tâche. Je sais qu'elle est immense, mais je l'accomplirai. Pour le bien commun, martela-t-il.

— Pourquoi toi ? Nous ne t'avons rien demandé ! osa le plus jeune.
Le Grand P. aurait pu anéantir son interlocuteur d'une simple pichenette, mais il poursuivit son argumentaire.

— Parce que moi, je n'ai jamais préféré la soumission à l'honneur. Ceux qui choisissent une vie humiliée ne sont pas faits pour commander. Moi, je n'ai jamais été un dominé, prêt à tout pour sauver sa peau. Qui peut en dire autant ici ? sonda-t-il en jaugeant ses acolytes. Moi, je suis de la race des seigneurs, ceux pour qui le risque est un besoin vital. Alors, si l'un de vous a quelque chose à dire, c'est maintenant. Après, il sera trop tard.

— Que proposes-tu ?

— Une lutte à mort. Le vainqueur aura tous les droits. Le vaincu sera son esclave et son miroir.

— Son miroir ?

— Son gentil miroir. Celui qui renvoie au plus fort l'image de sa toute-puissance.

Et comme aucun candidat n'osait se proposer, il reprit, doucereux :

— Puisque vous êtes devenus raisonnables, je vous fais don de ma personne. À partir d'aujourd'hui, je régnerai en maître sur ce sol. Le nom d'« homme » y sera interdit.

— Mais ce nom est à nous depuis toujours !

— Il ne vous a apporté que du malheur ! Oubliez-le, lui et toutes les consonances en « -om ».

— Si nous ne portons plus le nom d'« homme », qui serons-nous ? risquèrent quelques-uns.

— Des Terriens ! Vous avez une Terre, que voulez-vous de plus ? C'est le cadeau que je vous offre. Quant à moi, vous m'appellerez le Grand P. Simplement.

— Pourquoi ce nom ?

— En souvenir d'un certain Platon. Vous l'ignorez sans doute, se rengorgea-t-il, mais il y a de nombreux points communs entre ce génie et votre serviteur. Jusqu'à son nom qui signifiait « le baraqué », précisa-t-il en amplifiant encore ses monumentales épaules. Mais l'essentiel n'est pas là. Cet esprit prémonitoire avait imaginé une cité idéale. C'est écrit dans ce livre, dit-il en brandissant *La République*. Ce sera notre bible ! Cette république, je la bâtirai pour vous !

Quelques voix voraces s'élevèrent :

— Et les enfants ? Qu'en faisons-nous ? Faut-il les tuer maintenant ?

Le Grand P. contempla les petits qui s'étaient endormis dans une attendrissante posture d'innocence. Il voulut répondre mais n'en eut pas le temps.

— Le premier qui s'approche d'eux est un Terrien mort ! avertit l'un des hercules en s'avançant d'un pas.

Comme il avait pris soin de ne pas prononcer le nom de l'homme, le Grand P. fut magnanime.

— Je vous les donne ! Traitez-les comme bon vous semble. Ils ne connaissent même pas leur prénom. À leur âge, ils ne retiendront rien de leur passé et ne pourront nous nuire.

C'est alors qu'Éole remarqua que les deux géants ressemblaient à ses pères. Schiste et Basalte, trait pour trait, mais body-buildés, mal dégrossis.

— Mais tout n'est pas si simple, reprit le despote après un temps de réflexion. Qui dit marmot dit géniteur. Il faut absolument retrouver les indigènes qui les ont engendrés. S'ils sont suffisamment pacifiques, nous les réduirons en esclavage. Nous avons besoin de main-d'œuvre. S'ils sont belliqueux, nous les exterminerons jusqu'au dernier.

— Comment les feras-tu obéir ?

— Le meilleur moyen de tenir un peuple à sa merci, c'est de lui prendre sa mémoire. Nous leur interdirons leur culte, leur langue, leurs coutumes. En un mot, leur culture. Ainsi, nous leur prendrons leur identité.

— Et les femmes ?

— Nous conserverons les plus beaux spécimens pour notre consommation personnelle. Du moins, pour ceux que cela intéresse. Si certains préfèrent ceux de leur sexe, je n'y vois pas d'inconvénient. Les femelles serviront aussi à la reproduction. Mais l'île n'est pas extensible. Nous avons déjà payé le prix fort pour les méfaits de la surpopulation. Désormais, notre nombre doit rester identique. J'y veillerai personnellement. Mais en attendant, ces aborigènes doivent être terrés quelque part. Partons à leur recherche ! Leurs rejetons nous serviront d'appâts ! Ils commettront certainement la bêtise d'éprouver des sentiments.

— Quel horrible personnage ! se révolta Tildé.
À peine eut-elle prononcé ces mots que les images du rêve se volatilisèrent, laissant place à d'insondables questions. Bien réveillés, la tête remplie de rumeurs, ils ne savaient que penser. Cet univers peuplé d'animaux étranges, piqué de temples minéraux, secoué de guerres vaines, leur était si lointain. Et puis, même si le mystère de l'humanité s'éclairait peu à peu, la réalité de leurs origines leur échappait toujours. Leur mémoire étouffée tournoyait comme une toupie folle qui se refusait à livrer ses secrets

— La grotte ! Il faut y aller ! Je suis certaine que la solution est là, assura Tildé.

— Le reliquaire ! C'est lui qui contient le maillon qui nous manque ! s'exclama Éole. C'est pour cela que Schiste voulait me faire des révélations avant de disparaître.

★ ★ ★

Ils parvinrent à la grotte à la tombée de la nuit. En l'absence de Tildé, Sienne avait pris possession des lieux. Elle était allée d'émerveillement en émerveillement et trépignait d'impatience à l'idée de faire partager ses découvertes. Dès qu'elle aperçut Éole, elle comprit qu'il était pour Tildé ce qu'Argile avait été pour elle. Une union stellaire. Prévue. À son insu, des sentiments anciens ressurgirent en elle. Ils venaient de si loin. Elle avait construit tant de barrières pour endiguer ses souvenirs. Surtout, ne plus rien ressentir. Et voilà que soudain, tout revenait en avalanche. Le cœur qui déborde et les éclats de rire. L'abandon. La confiance. Et puis l'intimité ! Comme elle aurait aimé aimer encore ! Follement. Sagement. Par l'âme et par le corps. Retrouver cette puissance qui lève les montagnes. Entendre en elle cet hymne de silence qui dit sa plénitude. Une dernière fois. Encore. Malgré l'âge. Alors, elle contempla ses enfants de si loin assemblés, se chauffa un instant au soleil de leur joie. Éole serait son fils, comme Tildé était sa fille.

— Venez, leur dit-elle en les entraînant mystérieusement vers l'extérieur, je vais vous faire écouter les voix de la Terre.

Ils la suivirent sans comprendre. Un chuintement de gaz qui brûlait, éclairait les ténèbres de ses lueurs bleutées. Ils n'avaient jamais vu un tel phénomène. Ils ignoraient qu'il s'agissait de méthane, signe des dieux dans la religion de Zoroastre. Signe de pétrole pour les fous du progrès.

— Je les ai vus s'en servir pour lancer des flammes. C'est effrayant! Les Gens d'En Haut cumulent tous les pouvoirs, frémit Sienne.

— Eux, ils ne se privent pas de polluer l'atmosphère! se rebella Tildé. Quand je pense que nous avons même l'interdiction de faire cuire nos aliments pour réduire le réchauffement!

— De vrais Tpmp, oui! renchérit Éole.

— Mais… De quoi parles-tu?

— Nous allons t'expliquer. Mais avant, nous devons te prévenir. Lorsque tu sauras, tu ne pourras plus penser comme avant. Tu seras horriblement lucide.

— Je préfère la vérité.

Alors, des sanglots plein la voix, ils contèrent les trois rêves qui leur avaient fait traverser la route des hommes. Les splendeurs et les drames d'un genre qui n'avait eu de cesse de nuire à son pire ennemi – lui-même. Dire qu'ils venaient de là!

— Et j'ai l'impression que le plus funeste est encore à venir, prédit sinistrement Éole.
Désemparée, Tildé se tourna vers sa mère.

— Toi qui as l'expérience, quel sens donnes-tu à tout cela? pressa-t-elle.
Comme Sienne se taisait, elle s'inquiéta.

— Crois-tu que tous les Terriens soient voués à disparaître ?

Au lieu de répondre, Sienne les mena vers l'antre où elles s'étaient baignées la veille. Une dernière caverne, cachée par des éboulis, présentait son entrée. Ils pénétrèrent dans sa pénombre fraîche.

— Patientez un instant et vous allez voir ! promit Sienne en état d'exaltation.

Lorsque leurs yeux furent habitués, un tableau féerique leur offrit ses promesses. Devant eux, une immense salle de marbre blanc, haute comme une cathédrale, dardait ses rayons laiteux. La moindre sonorité renvoyait des échos innombrables qui, se heurtant aux parois satinées, prenaient une dimension surréelle.

— C'est incroyable ! répétèrent plusieurs fois Éole et Tildé pour entendre leurs voix multiples résonner en creux.

— Vous n'avez encore rien vu. Approchez ! encouragea Sienne.

Protégées des usures du temps, des œuvres d'art et de sens les espéraient depuis des millénaires. Des statues, des meubles, des objets de toutes sortes, sculptés à même la roche. Des tables d'un beau poli, des sièges et des couches d'un froid soyeux proposaient leur confort minéral. Ils tombèrent en extase dans les bras d'un sofa aux blancheurs hybrides. Au centre de la pièce, trônait un immense bouddha dont la chair dure et tendre sinuait au gré des veines de la pierre. Ses longues oreilles aux lobes percés, sa poitrine lisse, son sourire énigmatique, ses mains ouvertes, renvoyaient un mystérieux message.

— Il a tes oreilles ! se réjouit Tildé en regardant son amoureux.

— Il nous attend là depuis des siècles ! Je suis certain qu'il veut nous dire quelque chose ! répondit Éole.

— Oui, mais quoi ? Et où faut-il chercher ?

— Et ce n'est pas tout ! Ici, les murs parlent ! coupa Sienne en rajoutant à leur perplexité.

Ils avançaient sans comprendre. La réponse se trouvait au fond de la caverne. Un mur recouvert de terre crue recelait un trésor sans nom. Incrustées dans la glaise, des peintures rupestres aux pigments intacts contaient une bien longue histoire. En tracé minuscule, *leur* histoire, dans un lieu de légende. Un pays entre ciel et Terre, protégé des tourments du monde. Des palais fabuleux, tel celui du Grand Décideur, blottis au creux des vallées et sur les hauts cols, près de montagnes sacrées. Une paisible société rurale, matriarcale, protégée par les reliefs naturels. Ils ne purent s'empêcher de sourire à la vue d'une peinture représentant une Féminine qui partageait allégrement sa vie entre deux maris. L'artiste anonyme les dévoilait s'aimant, travaillant, élevant tous les enfants ensemble.

— Il y avait donc tant de façons de vivre sa sexualité…, songea Sienne à haute voix.

— Alors, pourquoi nous avoir imposé une façon unique ? Et pourquoi l'avons-nous acceptée ? Il ne fallait pas obéir ! se rebella Tildé.

— Nous avons pris un système pour une vérité. C'est notre erreur première, répondit sa mère.

— Je n'accepterai plus jamais d'être menée. Je déciderai par moi-même.

— Pour décider, encore faut-il être vivant, déclara Éole, réaliste. Et si nous ne trouvons pas la solution miracle, nous risquons de ne pas le rester bien longtemps. Regardons bien autour de nous. Le passé contient sans doute les clés de l'avenir.

Les scènes suivantes retraçaient une nature magnifique. Là, vivaient des Terriens d'une richesse intérieure prodigieuse. Une communauté de penseurs unis au libre jeu du monde. Des hommes de paix. Hommes tout simplement. Leur vie contemplative les protégeait de tout désir de possession ou d'extension, mais les empêchait d'attaquer comme de se défendre. Et puis un jour, un peuple de fauves avait débarqué. À leur tête, un despote aux allures faussement démocrates, leur avait laissé un choix impossible. Soit ils oubliaient qui ils étaient, soit on les assassinait. Un ethnocide programmé. Leurs idées, leurs coutumes, leur savoir avaient été déclarés vieilleries, avant d'être interdits. Pourtant, malgré toutes ces persécutions, ils s'étaient obstinés à conserver leur identité. Chacun s'était fait un devoir de continuer la lutte, personnellement. À la grande surprise de leurs prédateurs, ils avaient résisté longtemps, durement, à leur façon. Par la force de l'esprit. Jamais par la violence. Le peintre les montrait se laissant traîner, enfermer, frapper, mourir, sans une plainte. Quelques-uns, pourtant, tentèrent une fuite désespérée par l'autre flanc de la montagne, celui qui tombait à pic sur la mer. On les découvrait, la tête et les membres fracassés sur des rochers tranchants comme des couteaux. Une hécatombe. Les rares survivants s'étaient retirés dans des grottes mystérieuses. Parmi eux, quatre adultes. Les derniers de leur peuple.

— Là ! Ce sont mes pères ! Je les reconnais ! s'exclama Éole.

— Tu y es aussi ! s'écria Tildé en se tournant vers Sienne. Toi et Argile ! Vous y êtes toutes les deux. Quel bonheur ! Je n'avais pas vu son visage depuis si longtemps !

— Et ces enfants ! Ce sont ceux de notre rêve ! Les colosses les avaient adoptés, reprit Éole.

— Tu veux dire « nous ». Ils *nous* avaient adoptés !

— Nos aïeux étaient des autochtones !

— Élevés par des immigrés.

Ils eurent à peine le temps de réaliser leur métissage que les images suivantes les replongèrent dans l'horreur. Contraints de retourner au village pour réapprovisionner les rescapés, leurs parents s'étaient fait arrêter.

Pour satisfaire leurs penchants, les conquistadors avaient d'abord joué au chat et à la souris avec leurs proies. Puis, las de leurs divertissements, ils les avaient achevés sans gloire. Une danse du scalp concluait leur victoire. L'histoire était écrite.

Parmi les réfugiés se trouvait un vieillard au long visage apaisé d'ascétisme, à la barbe fluviale, au corps éthéré. Le dernier des initiés, ultime porteur de la mémoire collective. Lui seul détenait encore les secrets de leur culture. Il devait les léguer avant de disparaître. Sa tâche était urgente. Mais à qui s'adresser ? Autour de lui ne restait désormais qu'une grappe de novices, filles nubiles et enfants, incapables de saisir la portée du message. En n'épargnant que les plus jeunes, les barbares savaient ce qu'ils faisaient.

Un matin, le sage fut traversé par une vision effroyable. Leur savoir s'était perdu. Perdue, leur manière de pêcher sans fendre les eaux, de parler doucement au feu pour ne pas le blesser, de cultiver la terre sans lui infliger de souffrance. Emporté avant de pouvoir jouer son rôle de passeur, il était l'ultime responsable de ce désastre. Après lui, nul n'aurait plus jamais conscience que dans l'univers immense, depuis le minuscule grain de sable jusqu'aux étoiles dont les humains sont les enfants, tout prend sens.

Le patriarche était si près de partir qu'il voyait déjà l'avenir à distance. La vision de l'îlot, où subsistait une poignée de

Terriens incultes, le fit frissonner d'horreur. Des barbares, voilà ce que ses enfants deviendraient. Alors, une folle espérance lui traversa l'esprit. Si, dans des millénaires, un seul survivant trouvait ce message, il aurait malgré tout accompli sa tâche. Même s'il n'en restait qu'un, il saurait bien trouver le chemin qui mène à l'humanité.

Après avoir longuement médité, il s'empara d'un poinçon et grava sur un parchemin ridé, des signes ésotériques. Lorsqu'il eut terminé, il roula la missive, et chercha une cachette à la fois sûre et proche. La passation se ferait simplement, par des gestes quotidiens, ou elle ne se ferait jamais. Habité d'espérance, il dissimula son trésor dans deux parures identiques.

— Le reliquaire ! s'exclamèrent Éole et Tildé d'une seule voix.

— Vous avez déjà vu cet objet ? s'ébahit Sienne.

— Nous ne savions pas qu'il y en avait deux ! Il faut absolument les retrouver ! affirma Tildé.

— Mais où ? Nous n'avons aucune indication, s'inquiéta le jeune homme en jetant des regards alentour.

— Je ne sais pas. Il faut prendre le temps de réfléchir, avança la jeune fille.

— Tu veux dire, le temps que ceux qui nous recherchent nous retrouvent !

— Cela m'étonnerait. J'ai la nette impression que depuis cette époque, personne n'a mis les pieds dans ce sanctuaire.

— À votre avis, que s'est-il passé lorsque les Terriens se sont retrouvés les maîtres de l'île ? demanda Tildé.

— Je vais vous le dire, répondit Sienne.

— Comment ? Tu sais quelque chose ?

— Argile m'avait parlé.

— Et tu ne m'avais rien dit ? s'offusqua Tildé

— Comment l'aurais-je crue ? Du reste, je me demanderai toujours d'où elle tenait toutes ses informations.

— Elle les avait peut-être en elle ? Une sorte de réminiscence. À moins que…

— À moins que ?

— Non, c'est impossible… Eh bien, raconte-nous vite ce que tu sais !

— L'isolement géographique de notre Terre et la lecture de *La République* de Platon, le seul texte qui résista à la catastrophe, furent à l'origine de notre organisation. Le Grand P. avait décidé de construire une cité parfaite en s'appuyant sur cette nouvelle bible. Il se référait, assurait-il, à un modèle idéal que lui seul était capable de contempler.

— C'est pratique… Comme ça, pas de contestation possible.

— Un homme, affirmait-il, se divise en trois parties : le ventre, le cœur, la tête. Le ventre correspond aux besoins du corps, le cœur au courage, la tête à la pensée. C'est sur cet archétype qu'il organisa le politique. Pour être en harmonie, le système devait refléter la construction de l'homme. En bas, il installa les Nourrisseurs, les

Gens de la Terre, de la Mer, de l'Eau Douce. En haut, inaccessibles et protégés, les gens capables de penser pour les autres.

— Selon lui ! coupa Tildé.

— Au milieu, ceux de la Sécurité, chargés de défendre le régime coûte que coûte. Une société en escalier, ouvertement discriminante, où chacun trouvait son statut et sa place. Ce qu'il appelait la justice.

— Belle justice, en vérité ! La défense des intérêts personnels, oui ! Et les yeux, les oreilles ? Pourquoi de tels critères ?

— Un moyen comme un autre pour séparer.

— Il aurait pu tout aussi bien prendre la couleur de la peau !

— Il n'était tout de même pas si stupide !

— Je ne vois vraiment pas les avantages d'un tel ordre.

— Des rapports sociaux bien définis. Une absence de rivalité. Une productivité accrue. Dans une société où on est comme on naît, rien ne bouge. Une illusion de paix.

— Et personne ne cherchait à contester ?

— Le Grand P. avait sacralisé le Dernier Livre. Si on se risquait à le critiquer, on était hérétique.

— Mais ce livre, que disait-il ?

— Comme personne ne l'avait eu en main, personne ne le savait. Toute connaissance se résumait à des ouï-dire. L'oubli du monde d'avant, engendrait l'inculture. Alors, le plagiat des œuvres, la contrefaçon des pensées, devenait un jeu d'enfant.

— Mais enfin, pourquoi obéir à un livre ?

— Il est si commode d'être sous tutelle[1].

— Tu n'aurais jamais dit cela avant ! Et le mur ? La ségrégation des sexes ?

— Cité idéale ou non, le ciel continuait de se rapprocher de la Terre. Le sol rétrécissait. Le Grand P. avait compris que la surpopulation constituait le danger suprême. Pour empêcher les naissances, il sépara les femmes des hommes, puis les renomma Féminines et Masculins. Il fit ériger le mur et instaura une homosexualité d'État. Certains y trouvèrent leur compte. Argile et moi, par exemple.

— En somme, il avait établi la stérilisation forcée des pauvres !

— On peut le dire de cette façon. D'autres…

— Et les Gens d'En Haut ? Je suppose qu'eux, ils avaient droit à toutes les formes de sexualité ?

— Au gré de leurs désirs.

— Et les enfants ? Éole, moi, toi ? De qui venons-nous ?

— Je ne sais pas.

— Nous devons aller voir ce qui se passe là-haut ! décida Éole.

— Nous irons, confirma Tildé. Mais d'abord, il faut retrouver le reliquaire. Je suis certaine qu'il nous aidera à sortir de là.

____

1. Kant, *Qu'est-ce que les Lumières ?*

— Tu as sans doute raison, mais une certitude n'a jamais résolu un problème, affirma Éole d'un air moqueur.

— Le bouddha ! s'exclama soudain Tildé.

Éole et Sienne se retournèrent vers la statue. Sa main droite était posée sur un livre de pierre, tandis que sa gauche, paume tendue, s'ouvrait vers le ciel. À part son impassibilité souriante, ils ne lui trouvèrent rien de particulier.

— Maman ! s'exclama soudain Tildé. Tu te souviens de l'adage qu'Argile se plaisait à citer ?

— Elle en avait plusieurs.

— Au lieu de regarder la direction, l'imbécile regarde le doigt !

— Tu as raison ! La main gauche du bouddha ! L'index indique une direction !

Ils se précipitèrent vers la dernière scène de la fresque. Elle représentait un personnage au pelage de feu[1] qui tenait entre ses griffes et son bec de rapace la vie de personnages microscopiques. En lui, s'unissaient les lignes douces du féminin, les formes sculptées du masculin. Mais par-delà ces contraires, son pouvoir était un. Un être mi-homme, mi-bête. Une crinière de lion coiffait sa tête d'oiseau, des ergots prolongeaient ses pieds de léopard, ses sourcils broussailleux souli-

____

1. Yama : le maître des enfers dans la culture tibétaine.

gnaient son regard hypnotique. Dans ses bras puissants, une roue étrange symbolisait l'engrenage de la vie. C'est alors qu'ils se reconnurent là, tous les trois. Des lilliputiens qui se tortillaient au centre de cette immense spirale. Une terrible angoisse les saisit. Et si ces images annonçaient leur avenir ? Si le monstre les tenait à sa merci ? Étaient-ils encore en mesure d'éviter un destin planifié ? Ils poursuivirent leur recherche dans la fièvre.

— Il y a une excavation derrière le bec ! s'exclama Éole. Regardez ! Je le tiens ! cria-t-il en exhibant un reliquaire semblable à celui que portait son père.

— Il vient du fond des âges ! s'extasia Tildé.

— Crois-tu que les deux bijoux contenaient le même message ?

— Je crois que oui. C'était un moyen pour nous orienter.

— Espérons que le parchemin s'y trouve encore.

Tildé explora avec patience le système de fermeture de la broche. Un déclic se fit. La feuille était intacte. Ils la déroulèrent avec inquiétude. Depuis ces temps lointains, leur langue avait probablement changé. Comprendraient-ils encore le sens des mots qui leur étaient destinés ? Et s'ils tombaient sur une nouvelle énigme ?

Un aphorisme à double entrée, suivi d'un étrange croquis s'offrit à eux. La formule était écrite dans une langue inconnue.

— *Sapere aude*[1], lut Éole d'une voix ferme.

— Comment ? Tu sais lire ! s'étonnèrent les deux femmes.

— Pas vraiment, mais Schiste avait ciselé ces caractères sur une dalle de notre maison. Il les prononçait souvent. Sans doute les avait-il gravés à partir de son propre reliquaire.

— Et tu sais ce que cela signifie ?

— Non, mais j'ai la ferme intention de le découvrir. Sans y prendre garde, il tourna le document sur l'envers. Une lettre A, immense, y était inscrite dans une calligraphie beaucoup plus récente. Sienne se sentit défaillir.

— C'est son paraphe ! s'exclama-t-elle.

— Mais de qui parles-tu ? interrogèrent ses compagnons.

— A comme Argile !

— Elle était donc venue jusque-là !

À présent, Sienne se souvenait. Une fugue de quelques jours. Quelle frayeur elle avait eue ! La disparition s'était produite juste après l'arrivée de Tildé au sein de leur couple. Pas moyen de savoir où était passée sa compagne. En son absence, Sienne avait travaillé pour deux afin de cacher sa fuite, et elle avait plutôt bien réussi. À son retour, Argile avait opposé sa force de

---

1. *Sapere aude* : ose savoir. Formule d'Horace commentée par Kant dans *Qu'est-ce que les Lumières ?*

silence à toute demande d'explication. Elle était ainsi faite. Aussi imprévisible qu'une fée, secrète comme une perle rare, dotée d'une intelligence hors norme. Pour pouvoir vivre auprès d'elle, mieux valait l'accepter telle qu'elle était. À présent, Sienne supposait que son amie avait essayé de comprendre d'où provenait l'enfant. Si ses recherches l'avaient menée jusque-là, pourquoi n'était-elle pas allée plus avant ? Avait-elle préféré ne pas savoir la suite ? Cela ne lui ressemblait guère. À moins qu'elle n'ait craint de faire courir des risques à ses proches ? Sienne se secoua. Ce n'était pas le moment de se laisser aller à la moindre nostalgie. Il fallait agir vite. Le croquis qui accompagnait l'aphorisme avait sans doute ses secrets à livrer. Elle l'examina avec attention.

— C'est un plan ! s'exclama-t-elle.
— Un chemin d'espoir, reprit Tildé.

★ ★ ★

À la tombée de la nuit, ils abandonnèrent leur refuge pour se diriger vers le palais du Grand P. Aucun d'eux ne tremblait. Ils voulaient savoir. La découverte de leurs origines ajoutait encore à leur détermination. Leurs parents n'avaient-ils pas résisté jusqu'au bout ? Ils feraient de même. Quand les moutons deviennent enragés, l'ordre établi s'écroule.

À l'écart de la somptueuse bâtisse se dressait une pagode qui résonnait de sonorités étranges. Mi-humaines, mi-animales. Ils s'approchèrent à pas feutrés vers une fenêtre éclairée. Un spectacle inimaginable les cloua sur place. Dans une salle immense, des nourrissons braillaient, des nourrices allaitaient, des matrones s'agitaient autour de parturientes dans les douleurs. Ils échangèrent des regards incrédules. La naissance et l'élevage des petits Terriens se déroulaient donc ainsi. Dans une ruche communautaire qui collectait les mères et les nouveau-nés. Et puis, quand l'heure était venue, on redistribuait les bébés selon les besoins, comme des marchandises.

C'est alors qu'un bruit discret attira leur attention. À quelques pas de la pouponnière, assise sur un rocher, une Féminine sanglotait en silence. Ses larmes retenues, son corps ployé, ses traits ravagés, exprimaient toute la détresse du monde. Il était impossible de résister à tant de souffrance. Ignorant le danger, Sienne s'avança si près que la jeune fille sursauta. Elle leva vers elle un visage d'une infinie douceur. Sa bouche de rosée, ses oreilles bien ourlées, ses prunelles à se perdre, la foudroyèrent sur-le-champ. Une perfection proche de la douleur. Ses boucles cendrées, ses sourcils ailés, son teint ambré, se jouaient des plus beaux dégradés de la nature. Touchée en plein cœur, Sienne était incapable d'émettre la moindre parole. «Une femme et encore une enfant», se dit-elle. Ce fut sa dernière pensée lucide. Emportée dans un tourbillon qui la dépassait, éparpillée à tout vent, elle ne maîtrisa plus rien. D'autant plus vulnérable qu'elle s'était crue sans fêlure. L'amour la rattrapait sans prévenir. Et puis, elle avait si peu d'expérience, n'avait aimé qu'une seule fois. Comment aurait-elle su que la même mélodie pouvait se décliner dans des tonalités si différentes, uniques chaque fois. Non pas qu'Argile fut oubliée, mais la fragilité de cet être, son abandon entier, la faisaient vaciller.

— Qui êtes-vous ? s'enquit l'apparition.

— Je suis là pour t'aider, répondit Sienne.

— Personne ne peut rien pour moi. Je suis un ventre.

— Un ventre ?

— Oui, un ventre ! appuya-t-elle. Et comme Sienne restait muette, elle précisa. Un utérus, si tu préfères.
À cet instant, Sienne remarqua l'arrondi qui déstabilisait la silhouette juvénile.

— Tu attends un enfant ?

— Ils me le prendront ! Ils me le prendront comme ils l'ont fait pour le premier ! répéta-t-elle.

Et puis, elle enfonça sa tête dans ses genoux dans une attitude de désespoir absolu. Entièrement adolescente.

— Tu as déjà eu un bébé ?

— Oui. Mais cette fois, ils me tueront après sa naissance.

— Pourquoi te tueraient-ils ?

— Une servante maternelle n'a pas le droit de mettre plus de deux enfants au monde.

Sienne hésita un quart de seconde.

— Viens ! ordonna-t-elle en l'attrapant par la main.

— C'est impossible. Je suis prisonnière. Mon destin est tracé.

Comme Éole et Tildé sortaient de l'ombre, Sienne décréta : « Nous t'emmenons avec nous ! » Et comme la jeune fille hésitait encore, elle martela : « Ce n'est pas l'heure de parler mais celle de se mettre à l'abri ! »

La nouvelle venue se nommait Agua. Son premier bébé, une fillette aux yeux de mer, lui avait été arrachée sur ordre du Grand P., pour satisfaire des Gens d'En Bas. Être séparée d'un enfant si petit, c'était perdre une partie d'elle-même. Impossible d'oublier son parfum doux acide. La clarté laiteuse de son sommeil. Le curieux sentiment de sécurité qu'elle ressentait auprès de cet être sans défense. Comme si rien ne pouvait leur arriver à toutes les deux tant qu'elles étaient ensemble. Même s'il était vain de la nommer, elle l'avait baptisée Soie, tant sa peau était fine et légère. Après son enlèvement, elle avait cru mourir de chagrin.

— Mais le père ? s'indigna Sienne. Qui était-il ?

— Tu veux dire le géniteur ?

— Oui, si tu veux.

— Il faisait partie de l'oligarchie. Comme tous les géniteurs.

— Et les nouveau-nés, à qui appartiennent-ils ?

— À personne. Quand ils sont en âge, on nous les enlève.

Elle entra un instant en elle, avant d'affirmer : «Celui-là, je le garderai!» Puis elle arrondit ses bras en corolle autour de la vie qui germait en elle : «Je suis sûre que c'est un garçon. Il aura un regard saphir… Je l'appellerai Gemme. »

— J'espère qu'il aura de grandes oreilles, dit pensivement Éole. Moi, quand j'aurai un fils, je voudrais…

— La vocation des enfants n'est pas de ressembler à leurs parents ! coupa Tildé.

— Peut-être, accorda-t-il diplomatiquement.

Il réfléchit un instant, puis reprit impératif :

— Pour l'instant, nous devons sortir de là !

Le plan indiquait une sortie vers le côté le plus escarpé de l'île. Ils décidèrent de le suivre sans se poser plus de questions. La route d'accès était à elle seule un voyage initiatique. Ils gravirent des abrupts vertigineux, traversèrent des pentes d'éboulis qui se dérobait sous leurs pieds, franchirent des crevasses. Sans peur. Mus par une force qui leur permettait de tout surmonter. Là-haut, ils découvrirent un paysage à couper le souffle.

— Nous sommes au centre du monde ! s'émerveilla Sienne.

— Regardez ! s'exclama Tildé. Comme c'est étrange, les mouvements du sol dessinent des ondes.

— Tu as raison. On dirait des vagues anciennes inscrites dans la roche, confirma Sienne.

Elle se pencha pour vérifier son intuition. Un coquillage minéral inscrit dans le roc attendait là depuis des siècles. Elle le caressa et goûta son index.

— C'est bien ce que je pensais… Du sel !

— Du sel ? Crois-tu que la mer soit montée jusque-là ? Dans ce cas…

— Nous ferions partie de ces révolutions du monde où celui-ci tourne à l'envers !

— Suivons les indications : la carte annonce une cavité. Là, regardez !

Un monticule de galets recouverts de signes mystérieux interdisait l'accès. Il en fallait bien plus pour les décourager. Ils y mirent toute leur force, dégagèrent l'entrée. Un immense boyau creusé au cœur de la montagne promettait ses mystères. Ils s'y engouffrèrent. Une glissade interminable. Une seconde naissance. Au bout de cette course folle, une plage déserte, d'une blondeur inconnue.

Un bateau bien calfaté de poix les attendait là, depuis des millénaires. Ils embarquèrent. C'est alors qu'un vent violent se leva, fendit la montagne, brisa la roche.

Un ouragan épouvantable détruisit toute chose, mais lorsque le soleil brilla de nouveau, leur bateau flottait toujours[1]. Une brise les poussait vers un havre d'accueil, aux confins de l'horizon.

— *Sapere aude*. Je me demande bien ce que cela signifiait, dit Éole en scrutant la Terre promise.

— Je peux te le dire, affirma Agua.

— Comment cela ? Tu connais cette formule ?

— Le Grand P. la prononçait souvent. « Ce sont des mots dangereux. Explosifs même ! Mais jamais les Gens d'En Bas ne les comprendront ! » ajoutait-il avec un rire cynique.

— Allons, ne nous fais pas attendre ! Traduis !

— *Sapere aude* : ose savoir.

— Ose savoir ? répéta plusieurs fois Éole, pour tenter d'apprivoiser la devise.

— Ose savoir, reprirent Sienne et Tildé, comme si elles détenaient un sésame.

— Comment comprenez-vous ce précepte ? s'enquit Sienne.

— Ose penser par toi-même, répondit Tildé sans hésiter. Même si cela t'est pénible, va au-delà de ta peur et de ta paresse. Ose te servir de ton propre jugement.

— Affranchis-toi de la tutelle. Sors de l'état de minorité dans lequel tu te complais, renchérit Éole.

---

1. In *L'épopée de Gilgamesh*.

— L'état de minorité ne correspondrait donc pas à un âge ? interrogea Sienne.

— On peut être mineur toute sa vie… Tant qu'on n'accepte pas de marcher tout seul.

— Ce sont les tuteurs qui font croire à leurs créatures qu'elles ont besoin d'une armature, conclut Tildé. Celui qui est capable d'analyser cette tromperie peut s'en affranchir pour enfin devenir…

— Un Homme, acheva Éole.

Ils revenaient vers le début des temps. Quand tous les humains vivaient ensemble sur Terre avec tous les vivants. Quand la variété des mœurs, des climats, des peuples, des visions, reflétait l'universalité en l'éclairant de sens. Un monde où chacun avait le droit d'être ce qu'il était. Car à vrai dire, entre les hommes, il n'y avait pas de différences. Au lieu d'être contraires, diversité et unité formaient alors un couple d'une complétude achevée.

Comme leur embarcation accostait, Tildé entendit en elle la voix d'un silence profond. Un léger souffle, un bruissement imperceptible. Une autre ère commençait.

★ ★ ★

Conte d'école

> « *C'est là ma place au soleil,*
> *voilà le commencement*
> *et l'image de l'usurpation*
> *de toute la terre.* »
> Pascal, *Pensées*

Novembre 1979. La tranquillité d'une banlieue résidentielle. Dans la cour du collège, l'automne accrochait ses dernières salves aux feuilles des marronniers. Pour les sixièmes bleues, l'année scolaire avait bien commencé. Ivres de récréation, les genoux couronnés, les gamins remontaient dans leur classe. Une matinée réglée, prête à se fondre dans les strates de leur mémoire d'enfance.

Ce matin-là pourtant, le surveillant général en personne les attendait à la place de leur professeur. Sans un mot, du plat de la main, il les invita à s'asseoir, calma leurs murmures. Avant de prendre la parole, il toussota, mesura son auditoire d'un regard circulaire. Il vérifia l'emplacement de l'unique mèche de cheveux qu'il enroulait autour de son crâne pour tenter de dissimuler sa calvitie, puis solennel, avertit :

— Si je viens vous voir aujourd'hui, c'est pour vous annoncer une nouvelle importante. Je dirais même très importante. Vous allez avoir un nouveau camarade.
Comme l'attention devenait palpable, il renchérit :

— Mais pas n'importe quel camarade.
Une onde de curiosité gourmande se propagea dans le groupe. Content de son petit effet, le « surgé » laissa planer un temps de silence avant de reprendre :

— C'est un jeune qui a beaucoup souffert. À vous de l'accueillir comme il se doit. Car si votre classe a été choisie – je dis bien choisie – c'est pour son bon esprit, et elle doit s'en montrer digne ! Les garçons, je compte sur vous pour être à la hauteur ! conclut-il en jouant de ses vibratos les plus graves.
Vingt mains se levèrent.

— Il vient d'où ? Il s'appelle comment ?
— Il s'appelle Ly. Il est cambodgien. De Siem Reap. Réfugié. Heureusement pour vous, vous ne savez pas ce qu'est la guerre, mais tous les enfants n'ont pas votre chance. Depuis 1975, le Cambodge est plongé dans un chaos indescriptible. Là-bas, la vie d'un homme vaut moins qu'un bol de riz. On parle même de crime contre l'humanité.

— Alors c'est un génocide, comme pour les Juifs, affirma sourdement David. C'est comme pour mon grand-père… Sur son avant-bras gauche… Le numéro bleu…

L'émotion l'empêcha de poursuivre. C'était la première fois qu'il évoquait l'histoire de sa famille en ce lieu. Par-delà les mots, un obscur sentiment de fraternité le relia à l'inconnu.

— Un meurtre de masse en tout cas, reprit le surveillant général.

— Comme l'esclavage, affirma Christophe.

— Son prénom veut dire quelque chose ? s'enquit David.

— Il signifie « celui qui porte sur l'épaule »…

— Et c'est où, le Cambodge, m'sieur ? interrogea Louis, le délégué de classe.

— En Asie du Sud-Est. Là où régnait jadis la fameuse civilisation khmère, les temples d'Angkor… Ça vous dit quelque chose ?

— C'était quand ?

— Tu demanderas des précisions à M. Laborderie, ton professeur de géographie.

— Et ses parents, ils sont où ?

— Il les a perdus… Tous les deux. Il va être parrainé par la famille Beaumont dont les trois enfants sont « chez nous ». Un bel acte de générosité et un exemple pour nous tous. Allons ! Maintenant, je ne veux plus de questions. Votre professeur principal, Mme Airelle, vous attend pour le cours de français. C'est elle qui vous répondra. Allez, je compte sur vous. Il sera là demain.

★ ★ ★

Le lendemain, après quelques coups discrets frappés au vitrage, Ly parut dans l'encadrement de la porte. Son teint d'Asie brune tranchait sur le fond du ciel francilien. Un visage sombre et grave qui exprimait l'au-delà du désespoir. Les gamins le trouvèrent grand, gauche – différent. Ne sachant comment se tenir, il salua le professeur en joignant les deux mains devant son visage, comme on faisait chez lui vis-à-vis d'un supérieur. Puis, sans regarder, il se jeta dans la classe comme en terre inconnue. Le chef d'établissement l'accompagnait. À sa vue, les élèves se levèrent d'un bloc. Quelques bruits de chaises incontrôlées, de cartables repoussés, de pieds impatients, retardèrent le silence. Enfin, le directeur prit la parole. Un discours dont les élèves ne retinrent que quelques bribes : « mission éducative », « communauté humaine », « tolérance », « indifférence à la différence », « humanisme », « devoir de fraternité ». Et puis, ils se retrouvèrent seuls avec le nouveau.

Par sa haute taille, ses épaules puissantes, ses bras de bronze, Ly détonnait parmi les sixièmes. Comme il ne parlait pas le français, on avait décidé de le mettre là malgré ses quatorze ans. Il apprendrait sur le tas. On l'aiderait à s'insérer, il finirait bien par s'intégrer.

Ly était beau. Cheveux de jais, luisants comme des ailes de scarabée, narines rondes, palpitantes de vie. Ses yeux taillés en amande reflétaient d'insondables pensées. Un enfant et déjà un homme – qui portait le poids du monde. Impressionnée, Mme Airelle l'invita à s'installer au premier rang, une place laissée à son intention, près de David. Les élèves s'étaient disputés la faveur d'être assis à côté de lui, et elle avait fini par trancher : pour qu'il n'y ait pas d'injustice, les voisins tourneraient.

Ly joignit encore une fois les mains en guise de salut et prononça un « merci » aux sonorités tarabiscotées comme une racine de gingembre. C'est alors qu'une chorégraphie préréglée se mit en place. Sans un mot, à pas de souris, sous le regard émerveillé de Mme Airelle, les enfants se levèrent un à un. Du premier au dernier rang de chaque rangée, chacun vint déposer son offrande sur la table de Ly. L'un son stylo favori, l'autre ses billes en terre, ses calots aveugles, un cycliste en maillot jaune, un jeu de cartes usagé. Lorsqu'une main irréfléchie plaça un petit soldat en treillis au sommet de la pile, Louis réagit au quart de seconde : « T'es bête ou quoi ? Tu comprends pas qu'il a vécu la guerre ? » Comme le gamin, soudain conscient de sa maladresse, rougissait jusqu'à la racine des cheveux, le délégué rugit : « T'as la sensibilité d'un réverbère ou quoi? Range-moi ça et dépêche-toi de choisir autre chose!»

Ly ne remarqua même pas le symbole guerrier. Du reste, il n'avait jamais eu ce genre de jouets entre les mains. Prunelles agrandies, sourire énigmatique, il se contenta de répéter trente fois le même merci musical. À vrai dire, il ne connaissait que ce mot-là. Quand la distribution fut terminée, chacun se rassit à sa place, bras croisés. Raide comme la justice, les yeux brillants, Ly bloquait la montagne de cadeaux entre ses mains et son menton. Gagné par l'émotion, David lui serra le bras avec force, puis il lui tendit un grand sac. Ils y engouffrèrent le butin sans se regarder.

La scène s'était déroulée comme dans un rêve. Même si ses lèvres tremblaient un peu, Mme Airelle n'avait fait aucun commentaire. Elle éclaircit sa voix et indiqua une page dans le livre de textes. Le cours commença dans un recueillement d'avant concert.

✶ ✶ ✶

Ce soir-là, lorsque Ly se retrouva dans sa famille d'accueil, un torrent de larmes le submergea. Il n'avait pas pleuré depuis si longtemps. Étrangement, le goût salé, oublié, le libérait tout en décuplant sa détresse. Incapable de stopper les vannes de ses sanglots, il étouffait. Tant de bonheur, ce n'était pas possible! Épuisé, il se mit à

140

hoqueter puis à geindre comme un tout-petit. Son chagrin accru par l'efflorescence d'une humanité retrouvée, la conscience de l'ampleur de son drame, la honte de montrer une image indigne à «ses parents de France» le faisaient basculer. Bouleversée, Mme Beaumont sentit monter en elle un flot de tendresse. Elle se pencha pour le consoler, l'embrasser, mais au lieu de s'abandonner, il fit un bond de jaguar vers le fond de la pièce. Dans un geste paternel, M. Beaumont tenta de caresser la tignasse brune, mais Ly se recroquevilla en boule comme une chenille sous la pluie. Dans sa culture, toucher la tête d'une personne équivalait à une injure, l'embrasser à une morsure. On lui avait toujours appris que l'intimité de l'autre, accrochée au parfum de sa peau, se respire mais ne s'effleure pas. Il ne comprenait rien à cet enlacement humide. Cette impudeur. Pourtant, le pire n'était pas là. En exhibant ses sentiments, Ly venait de perdre la face, de la faire perdre à ses parents d'accueil.

Faire perdre la face, pour lui, l'équivalent de tuer. Dans sa culture, on ne devait rien montrer. Même la mort d'un être aimé était annoncée avec le sourire, non par indifférence, mais par respect pour l'autre. Par son attitude insensée, il venait d'offenser ses bienfaiteurs. Ils allaient certainement lui en vouloir, le renvoyer peut-être. Par sa bêtise, il venait de perdre lui-même sa dernière chance. Qui voudrait de lui désormais? C'est alors que les maximes que son père prononçait dans les moments difficiles lui revinrent à l'esprit : «Tout être est son propre refuge. Il est vain de s'apitoyer sur soi», disait-il avec un étrange sourire. Par ces formules de sagesse, il rappelait qu'il était impossible de vivre la vie de l'autre, encore moins d'agir sur lui. Dans ce monde impermanent, chacun doit puiser son courage en son propre fond. À cette évocation, Ly rentra en lui-même et retrouva son centre. Il se sentit soudain emporté par le flux d'énergie vitale qui transforme le monde. Fondu dans le cosmos, il retrouvait le sens. Alors, un étrange sourire de bouddha retroussa le coin de ses lèvres. Son nouveau visage ne fit que constituer une énigme supplémentaire pour les Beaumont. Mais qui était l'enfant qu'ils accueillaient chez eux?

Comme la veille, Ly se doucha en faisant couler des trombes d'eau. Il se coucha à même le sol en s'enroulant dans une couverture, laissa la lumière allumée toute la nuit, hurla dans son sommeil des noms indéchiffrables. Debout en sursaut à 4 heures du matin, il sauta dans ses vêtements, fit des tractions pendant vingt minutes puis resta penché sur ses livres jusqu'au réveil de la maisonnée.

Ses parents de cœur avaient préparé sa venue comme une naissance. Sans s'appesantir sur des détails morbides, ils avaient su parler à leurs trois enfants, Pierre et Jean, les jumeaux du même âge que Ly, et Lucie, la plus jeune. «Nous l'accueillons en vue d'une adoption future. Considérez-le comme votre frère. Vous avez tout. Lui, il a tout perdu. Quand les papiers seront en ordre, nous l'adopterons légalement. » Au lieu de s'enfermer dans un ethnocentrisme étriqué, les Beaumont avaient compris d'emblée qu'ils avaient tout à apprendre, rien à juger. Certes, ils n'avaient ni les codes, ni les mots en commun, mais ils avaient le cœur. L'altruisme leur tiendrait lieu de guide. Comme la fleur de lotus n'a besoin que d'un faible soleil pour émerger, certains êtres n'ont besoin que d'un rayon d'espérance pour reprendre confiance. Ce rayon d'humanité, ils étaient bien décidés à le donner.

★ ★ ★

Le lendemain, les Beaumont conduisirent Ly dans un château retiré, entouré d'un parc de verdure. « C'est là que vit ta nouvelle grand-mère. Elle va être très heureuse de te rencontrer », lui expliquèrent-ils. Ils pensaient que la présence d'une ancienne, la bienveillance de l'âge, ne pouvaient qu'être bénéfiques au garçon. Et puis, ne faisait-il pas partie de la famille désormais ? Il avait droit à ses nouvelles racines.

— Maman, dit le père, nous vous présentons Ly, votre nouveau petit-fils.

— *Yeay*[1], dit Ly en se penchant respectueusement.

---

1. *Yeay* : « chère ancienne » en khmer, terme respectueux pour s'adresser à des personnes âgées.

Au lieu de répondre à son salut, la vieille dame eut un mouvement de recul. Ses lèvres et son nez se strièrent de mille petits plis.

— Il ne nous ressemble pas, asséna-t-elle en esquissant un sourire inconnu. Ses yeux, ses manières… Il n'est pas de chez nous, celui-là !

— Il l'est désormais.

Les paupières mi-closes, elle jaugea Ly d'un regard inquisiteur.

— Ce gamin ne vous apportera que des ennuis, croyez-moi ! prédit-elle en frappant le sol du bout de sa canne. Avec vos bons sentiments, vous allez gâcher votre vie et celle de vos enfants.

— Mais il est l'un de nos enfants désormais.

— Des mots, oui ! C'est le sang qui compte ! Lui seul est indélébile.

— Ce sont des idées toutes faites, Maman. On peut aussi choisir les siens. C'est même la plus belle chose…

Voyant qu'elle ne pouvait se faire entendre, elle prophétisa :

— Dieu ne vous oubliera pas ! Il n'oublie personne, croyez-moi !

Très droite, elle planta dans les yeux de sa bru son regard de censeur, toisa son fils du menton, puis se mura dans un silence réprobateur.

Depuis bien longtemps, Ly savait décrypter avec son cœur plus qu'avec ses oreilles. Malgré le parfum de poudre de riz que dégageait sa nouvelle grand-mère, malgré ses manières surannées, son col Claudine et son collier de perles sage, l'adolescent comprit : il n'était pas le bienvenu. Il n'allait pas se laisser entamer pour si peu, encore moins céder à la critique. Pendant toute la visite, il resta courbé, la tête inclinée, comme il sied auprès d'une personne âgée, et conserva son éternel sourire de Joconde.

— Et hypocrite en plus ! L'Asiatique est comme ça. Hypocrite et sournois. Ah ! Je vous en promets de belles ! martela la vieille dame tandis que les Beaumont prenaient congé d'elle pour la semaine.

Sur le chemin du retour, plongé dans la plus grande perplexité, Ly s'interrogeait. Pourquoi ses parents de France avaient-ils enfermé leur *Yeay* dans cette maison bizarre qui sentait l'armoire fermée à double tour ? Pourquoi n'y trouvait-on que des anciens ? Entourée de ses proches, toutes générations mêlées, elle eût sans doute été moins aigrie. Pourquoi ne revenait-elle pas avec eux dans le break familial habiter leur vaste pavillon, où l'abri de jardin aurait pu à lui seul accueillir une famille entière ? Quand on a la chance d'avoir encore les siens, on les garde auprès de soi. Comment était donc fait le cœur de ces gens ? Lui qui avait appris à se méfier de tout le monde, quelle confiance pouvait-il accorder à ceux qui abandonnaient ainsi leur propre mère en milieu étranger ?

★ ★ ★

Les premières semaines, malgré toutes les épreuves, ce fut l'état de grâce. Ly était prêt à tout pour se faire accepter. Il avait une dette envers sa famille adoptive, son école, son pays d'accueil. Pour réussir, il devait se fondre dans leur culture.

En classe, il opposait une attention incorruptible à toute tentative de bavardage. Il buvait les paroles de ses maîtres, capturait les mots au vol, engrangeait les savoirs. Sa mémoire semblait insatiable. Cette façon extrême d'écouter touchait les enseignants autant qu'elle les gênait. La première fois qu'il fut observé de la sorte, M. Riaud, le professeur de mathématiques, jeta furtivement un coup d'œil vers sa braguette. Peut-être avait-il oublié de la refermer ? À moins que ce ne fut sa coiffure ? Une tache mal placée ? Avec les gamins, on ne sait jamais… Celui-ci était-il sérieux ou se moquait-il ? On n'avait jamais vu pareille concentration. Mais rien de tel. Simplement, Ly apprenait. Il avait tout perdu. Que pouvait-il espérer, sinon la connaissance, que nul ne peut vous prendre ?

Un proverbe khmer dit que « peu est mieux que rien ». Pour l'heure, il ne saisissait que quelques fragments de la langue de France, mais demain, il les réunirait en un tout. Alors, leur sens caché éclaterait en pépites de pensée. Pour lui, les murmures deviendraient un langage – cette petite musique qui rassemble les hommes.

S'il respectait tous ses professeurs, Mme Airelle demeurait sa préférée. Elle avait su, dès le premier jour, lui réserver un accueil d'humain. À la fin de chacun de ses cours, il venait lui offrir un dessin, le même chaque fois. Mme Airelle en Devatâ[1] aux seins ronds, avec une coiffe à trois pointes inscrites dans un triangle. Une Mme Airelle au sourire lointain, aux sourcils en arc parfait, dont la chevelure noire, brillante comme un essaim d'abeilles, rehaussait le teint curcuma. Ses yeux de faon, aux extrémités taillées en goutte d'eau, renvoyaient une douceur infinie. La sensualité mystérieuse du portrait la flattait autant qu'elle la troublait. Elle conservait ces cadeaux avec un délicieux sentiment de culpabilité. N'osait s'avouer sa préférence.

Les semaines écoulées policèrent les habitudes de Ly, ses manières se firent plus françaises. Pris par leur âge, les sixièmes bleues lui prêtaient moins d'attention, mais le considéraient toujours comme leur mascotte. Pas question qu'un élève d'une autre classe se moque ou lui fasse le moindre mal. Ils avaient envers lui un devoir de protection. En retour, si un grand se hasardait à tourmenter un petit de sixième bleue, Ly intervenait immédiatement. Sa carrure, l'air de jungle qu'il pouvait prendre, imposaient le respect.

------

1. Devatâ : divinité de la nature protectrice et bienfaisante.

Un lundi matin, jour de récitation, il se passa un événement extraordinaire. Contrairement à ses habitudes, Ly leva le doigt. Étonnée, Mme Airelle questionna :

— Tu veux quelque chose Ly ?

— Réciter, madame.

— Réciter ?

— Oui, madame.

Craignant l'humiliation publique, elle insista :

— Mais… Tu es sûr ?

Il hocha la tête avec obstination.

— Mais il ne peut pas, m'dame ! coupa Louis. Et puis, vous avez dit qu'on l'notait pas. Les notes, c'est pas tout dans la vie. C'est même vous qui l'avez dit.

Sans plus attendre, Ly se leva. Puis très droit, bras croisés, il se concentra avec une intensité à faire tomber les murs. D'un trait, il égraina une fable de La Fontaine aux résonances morcelées. Dans sa bouche, le chat Ra-mi-na-gro-bis, « jetant des deux côtés la griffe en même temps » sur les plaideurs désaccordés, prenait des allures de Vishnu aux quatre bras dirigeant le barattage de la mer de lait[1].

---

1. La mer de lait : grand mythe hindou de la création. En tirant tour à tour sur le corps du *nâga* géant Vâsuki (serpent divin), qui était enroulé autour du mont Mandara, les dieux et les *asura* (démons) firent tourner la montagne pendant mille ans pour baratter la mer cosmique – la mer de lait. Ils produisirent de cette façon l'*amrita*, la liqueur d'immortalité. La mer de lait est représentée comme une masse tourbillonnante de vie marine.

Époustouflée par la performance, la classe plana jusqu'à ses dernières paroles. Suivit un temps d'incrédulité soudain brisé par une ovation frénétique, tous les élèves debout. Effrayé par le vacarme, M. Riaud qui travaillait dans la salle voisine fit irruption. En voyant la scène, Mme Airelle aux anges, Ly modestement penché vers ses camarades, il se sentit fondre.

De ce jour, un nouveau rite s'installa. Prenant appui sur le silence, Ly récitait chaque leçon sans la comprendre. Puis il saluait son public sous un tonnerre d'applaudissements, reprenait son écoute absolue. Enregistrait tout. À ses yeux, le moindre mot faisait partie d'un trésor.

★ ★ ★

Autrefois, les génies du Cambodge lui étaient familiers. Dans la lumière du soleil de midi, il pouvait les discerner sous l'apparence d'un vampire ou d'un visage de femme à la tignasse ébouriffée. Ils surgissaient de partout, au pied d'un vieil arbre ou près d'une termitière. Pour les honorer, il dressait des autels, déposait une poignée de feuilles fraîches ou d'écorces rouges. Sur sa terre belle, émaillée de rizières, piquetée de temples, l'esprit des mânes soufflait sur les cycles de la nature. C'était autrefois.

Ici, sur la terre des autres, là où les cheveux de ses ancêtres n'avaient pas blanchi, là où il faisait si froid, il se sentait tellement perdu. Qui devait-il révérer ? Qui l'aiderait à s'intégrer en lui permettant de garder son identité ? Car s'il avait un devoir envers ses morts, c'était bien celui de préserver sa culture. À force de méditation, il finit par trouver la réponse au fond de lui. Le message était simple. Pour que les esprits de France le protègent, il n'y avait qu'une seule voie. Il devait devenir aussi parfait que possible. Dès lors, à la maison, il se précipita pour mettre la table, passer l'aspirateur, porter les paquets. Chaque jour, il laissait sa chambre impeccable, vaquait sans bruit. Une efficacité mécanique.

Au début, cette suractivité fut surprenante, mais plutôt agréable. Tout commença à se dégrader le soir où les jumeaux surprirent une conversation entre leurs parents :

— Cet enfant semble infatigable, disait pensivement Mme Beaumont.

— Il ira loin.

— Sans doute.

— Plus loin que les nôtres.

— Pourquoi dis-tu cela ? interrogea Mme Beaumont, blessée dans sa fierté de mère.

— Il suffit d'observer nos fils avachis devant la télévision. Ils ne font leur travail que sous la contrainte. Quant à Lucie, elle manque singulièrement de maturité. Au lieu de la laisser jouer à des jeux idiots, Barbie et compagnie, tu devrais te décider à la voir grandir.

À force de les protéger, tu en fais des mauviettes. Tandis que Ly…

Il est vrai que depuis que Ly était chez eux, leurs enfants avaient beaucoup régressé. Ils travaillaient mal à l'école, et puis, l'atmosphère de la maison avait changé. À table, au lieu des rires complices d'autrefois, chacun s'enfermait dans son monde. Comme elle faisait ce triste constat, une idée monstrueuse lui traversa l'esprit. Et si tout cela était de la faute de Ly ? S'il se nourrissait de leur propre sève ? Si son accomplissement à lui, passait par leur anéantissement ? Une sorte de diable incarné qui les poignardait dans le dos. D'abord abasourdie par cette horrible pensée, elle se reprit bien vite. Elle n'était pas femme à se laisser aller à ce genre de fadaises. Des superstitions d'un autre âge qui n'avaient aucun sens. « Tu exagères toujours », affirma-t-elle pour chasser ses mauvais pressentiments.

Elle se leva pour clore, mais éprouva un malaise inconnu. Avec son mari, elle avait déjà eu des différends au sujet de l'éducation, mais jamais il ne lui avait parlé sur un tel ton de reproche. Leur protégé lui apparut soudain comme un miroir inversé. Le révélateur en négatif des défauts de ses rejetons biologiques. Ses propres défauts en somme. Belle âme, elle s'interdit pourtant le moindre ressentiment. Rien n'était de la faute de Ly. Il avait tant de qualités. En sa présence, même un adulte averti pouvait se sentir sans expérience, terriblement faillible. Que dire alors d'un gamin de son âge ?

Après avoir entendu cela, les jumeaux laissèrent exploser la rancœur qui couvait en eux depuis des mois. D'un coup, Ly les privait de l'amour inconditionnel que tout parent se doit d'éprouver pour ses enfants. Un véritable détournement d'affection. L'intrus allait le payer.

— Quel manipulateur, cet Asiatique ! commença Jean.

— Un voleur de famille, oui !

— Avec ses airs de petit saint qui croit voir des fleurs de lotus pousser sous chacun de ses pas, dit Jean pour singer la culture de Ly, il a fini par les monter contre nous.

— Et puis cette façon de se conduire ! À toujours dire oui quoi qu'il en pense. Et du madame Beaumont par-ci, du monsieur Beaumont par-là… Une vraie mentalité de boniche.

— D'esclave, tu veux dire.

— Heureusement que, malgré leur autorisation, il n'a pas eu le culot de les appeler Papa et Maman.

— Grand-Mère avait raison de nous mettre en garde.

— Maintenant, c'est trop tard.

— Nous n'allons pas nous laisser faire. Dans la vie, il vaut mieux être le boucher que le veau ! C'est même Grand-Mère qui me l'a dit.

— Moi, je préfère ni l'un ni l'autre, répondit Pierre, épouvanté par l'alternative.

— On en discutera plus tard si tu veux bien. En attendant, on va le faire déguerpir.

— Mais comment? interrogea Pierre qui n'était pas un imaginatif.

— J'ai mon idée. Si on reste unis, tout redeviendra comme avant. Et surtout, on ne met pas Lucie dans le coup! Elle est capable de tout raconter. Allez. À la vie, à la mort.

— À la vie, à la mort, répéta le jumeau en tapant la main de son frère en signe d'accord.

Rassérénés, ils regagnèrent leur lit et s'endormirent du sommeil du juste.

✶ ✶ ✶

De ce jour, Ly devint leur bouc émissaire. Pour le faire chuter à l'école, ils découpaient les pages de ses livres à la lame de rasoir, tachaient ses cahiers, écrasaient les pointes de ses stylos à plume. Mais Ly demeurait le protégé. À la moindre anicroche, vingt mains amies se tendaient pour l'aider. Le délégué de classe créait une chaîne de solidarité autour de lui et David lui accordait son soutien inconditionnel. «Un Asiatique et un Juif! Un bol de riz et un sans terre! Entre émigrés, ils se soutiennent contre vents et marées», concluait Jean.

153

Ils tablèrent alors sur la maison, là où Ly n'avait pas d'allié. Ils se mirent à saccager systématiquement son travail domestique, lui firent honte. Mais au lieu de le tancer vertement, comme ils l'auraient fait avec leurs autres enfants, les parents lui passaient toutes ses erreurs. Cette imperfection soudaine les soulageait presque. Quant à Ly, il n'accusait personne, semblait ne rien voir. Les hauteurs de son indifférence le protégeaient de toute agression. Chaque jour, il continuait de se lever à l'aube, renforçait son corps par des mouvements de gymnastique, son esprit par l'apprentissage forcené de ses leçons, servait les autres. Il y avait en lui autant de force que de renonciation. Rien ne semblait l'atteindre. Cette attitude au-delà de l'humain ne fit qu'attiser la haine des jumeaux. Un soir, ils décidèrent de passer à la vitesse supérieure.

— Il n'y en a que pour lui, quoi qu'il fasse. Mais on l'aura quand même ! commença Jean.

— Je n'y crois plus. Il est indestructible, je te dis. Un vrai robot, comme Goldorak.

— Chacun a sa faille. Il suffit de la trouver. Pour commencer, on va lui faire manger des vers de terre ! Il ne fera pas le fier, tu verras. Je te parie qu'il nous suppliera à genoux. Envolé, son éternel sourire !

— On ne peut pas faire ça. Hypocrite et sournois comme il est, il le rapportera aux parents et ça se retournera contre nous.

— Tu veux retrouver la vie d'avant, oui ou non ?

— Oui.

Contre toute attente, Ly avala les vers de terre tout rond, sans broncher. Dans le camp, il avait vécu bien pire. Pour survivre, il avait mangé des lézards vivants, des *krim dansay*[1], des araignées, des larves de guêpes, des pattes de tortues sanguinolentes. Il s'était nourri de liserons verts des étangs, de feuilles d'arbre, d'herbes sauvages. Bien heureux d'avoir pu tenir grâce à ces nourritures infâmes. Mais Pierre et Jean l'ignoraient. Comment l'auraient-ils su ? Ly ne racontait rien.

Alors, pour le punir de sa résistance insensée, ils le dénommèrent. Ly devint Yl. Mais Yl s'en moquait pas mal. Il continuait de tracer son sillon, suivait sa ligne. Au lieu de les calmer, son attitude ne faisait qu'exacerber la haine des jumeaux. Dévorés par des sentiments inconnus, ils se consumaient. Une joie mauvaise les gangrenait de l'intérieur. Emportés dans une spirale plus forte qu'eux, ils étaient incapables de stopper le processus d'autodestruction qu'ils avaient eux-mêmes enclenché. Peu à peu, leur regard devint sournois, leurs figures grossières. Ils perdirent leur enfance.

Ce qui se produisit la semaine suivante paracheva leur projet. Pour faire plaisir à Ly, les parents avaient invité

---

1. *Krim dansay* : poissons lièvres.

David à passer le dimanche avec eux. Comme à l'accoutumée, ils se rendirent à la maison de retraite.

— Il est encore là celui-là ? asséna l'aïeule en guise de bonjour.

— Comme vous voyez, répondit Jean.

— Et qui est ce petit blond qui l'accompagne ? Il a l'air bien mignon, celui-là.

— Il s'appelle David, dit M. Beaumont.

— Ah oui ? David comment ?

— David Hirsch.

— Je m'en doutais : un Juif ! Encore un métèque ! Je l'avais vu du premier coup d'œil ! Ces étrangers, je les reconnaîtrais entre mille ! dit-elle en esquissant un masque hideux sur son propre visage. Pourquoi pas un Tzigane pendant que vous y êtes ?

— Mère, ce sont des préjugés. Les Juifs, les gens du voyage, sont aussi français que vous et moi !

— Ça m'étonnerait !

— Les gens du voyage ont un autre mode de vie, voilà tout...

— Rapine et compagnie, oui !

— Ne trouvez-vous pas que ce sont des peuples qui ont assez souffert ?

— Si c'est de l'Holocauste dont vous voulez parler, de l'eau a coulé sous les ponts.

— Parce que vous croyez que les assassinats s'effacent ? Et puis, il s'agit de la Shoah, pas de l'Holocauste.

— Allons bon! Encore une de vos lubies. Parce que ce n'est pas la même chose, d'après vous? Je ne suis tout de même pas révisionniste ni barbare, vous savez.

— Mère, l'holocauste désigne un sacrifice, tandis que *shoah* signifie «catastrophe». Les génocides n'ont jamais été des sacrifices, ce sont des catastrophes pour l'humanité tout entière!

— Ah décidément, vous voulez me faire la leçon. Mais comment Dieu ai-je pu mettre au monde un fils pareil?

— Laissons Dieu où il est, voulez-vous?

— Et puis, si vous voulez tout savoir, j'ai beaucoup de respect pour les Juifs, moi.

— Ah oui? Et depuis quand?

— Depuis la guerre. Je ne vous l'ai jamais raconté, mais vous êtes en vie grâce à un Juif. Un médecin, le Dr Lévy. C'est lui qui vous a sauvé. Remarquez bien que sans lui, vous ne seriez pas là à pérorer. Parfois je me demande…

— Qui était cet homme? Vous ne m'en avez jamais parlé.

— Nous vivions à Nantes… Vous étiez bébé et vous aviez trouvé le moyen d'attraper le croup[1]. Quel souci vous me faisiez déjà! Du reste, vous m'en avez toujours fait. C'est comme ça, les enfants. Certains ne vous donnent que des satisfactions, tandis que d'autres…

----

1. Croup : diphtérie.

— Mère, je vous en prie !

— Bon. Le Dr Lévy était caché avec toute sa famille dans la maison d'en face. De bien braves gens, ceux qui avaient pris un tel risque pour des étrangers. Un soir, vous étouffiez tellement, j'ai bien cru que c'était la fin. Alors, malgré le couvre-feu, j'ai couru frapper à leur porte. Le Dr Lévy a accepté de me suivre malgré le danger. Tenez, en vous le racontant, les larmes me montent encore aux yeux.

— Et ensuite ?

— Ensuite quoi ?

— Que s'est-il passé ?

— Je vous l'ai dit. Grâce à lui, vous avez été sauvé.

— Grâce à lui, j'ai été sauvé, répéta mécaniquement M. Beaumont.

— Mais oui ! Grâce à un Juif ! C'est un comble ! Remarquez que dans la médecine ce sont les meilleurs. Ah ! Je lui voue une reconnaissance éternelle.

— Et lui ? Sa famille ?

— Ah, eux ? Ils ont été dénoncés.

— Dénoncés !

— Oui. Aucun n'est revenu. Que voulez-vous, les dures lois de la guerre.

— C'était une extermination. Pas une guerre.

— De toute façon, vous ne m'enlèverez pas de l'idée qu'être juif, ça se voit.

— Écoutez, mère. Être juif, c'est une religion, une

culture, un sentiment d'appartenance. Rien à voir avec la morphologie.

— Eh bien moi, je vous dis qu'il y a un type ! Une race, quoi ! Une ethnie si vous voulez chipoter sur les mots.

— Mère, ce sont des propos racistes.

— Cela n'a rien à voir avec du racisme, c'est mon opinion, c'est tout.

— Le racisme n'est pas une opinion, c'est un délit.

— Allons donc ! Et puis, les plus racistes ne sont pas ceux qui le disent, mais ceux qui le pensent sans le dire.

— Ah oui ? Alors selon vous, le nazisme n'est pas une idéologie raciste ?

— Non seulement ils ont un type, mais un comportement aussi ! Tiens, je parie qu'ils travaillent bien à l'école ces deux-là ! dit-elle en désignant Ly et David. Mieux que vos propres enfants si ça se trouve !

Elle venait de viser juste. Les Beaumont accusèrent le coup sans faillir. Les jumeaux qui comptaient les points se sentirent faiblir.

— Les Israélites sont capables de tout pour faire réussir leurs enfants ! Comment croyez-vous qu'ils raflent les premières places ? Et puis, avec l'argent qu'ils ont ! Du reste, ils apprennent à en faire dès qu'ils sont dans le ventre de leur mère.

— Ses parents sont instituteurs, rétorqua Mme Beaumont.

— Alors, qu'ils retournent enseigner dans leur pays au milieu des indigènes !

— Un indigène est un individu qui gêne, claironna David.

Et comme tous le regardaient avec incrédulité, il ajouta :

— C'est ce que dit mon père quand il entend des propos de ce genre.

— Et arrogant en plus ! Comme tous ceux de son espèce ! Surtout, n'allez pas espérer de la reconnaissance de ces gens-là ! Il vaudrait mieux qu'ils retournent d'où ils viennent !

— Leur pays, c'est ici ! Ils sont français comme vous et moi ! explosa M. Beaumont en plantant son regard dans celui de sa mère.

— Ils vous prendront tout ! Les vôtres n'auront plus rien. Quand vous le comprendrez, il sera trop tard ! Vos yeux pour pleurer, oui ! Il ne vous restera que cela.

Au bord de la rupture, le couple prit congé le plus calmement possible. Les enfants suivirent. Chacun dans ses pensées.

L'armoire vitrée du salon recelait une fabuleuse collection de jeux d'intelligence. C'était la passion de M. Beaumont, « son sel de l'esprit » comme il aimait à dire. Au cours des années, entre brocantes, salles des ventes, voyages, il avait réuni un assortiment digne d'un expert. Cluedo, jeu de go, tour de Hanoï, mah-jong, tous rassemblés autour d'un dénominateur commun : apprendre en s'amusant. C'est ainsi qu'il avait rapporté d'une de ses expéditions à Budapest un casse-tête mathématique alors peu connu en France. Un Magic Cube[1], composé de six couleurs et de petits cubes articulés. En les faisant pivoter, le joueur devait parvenir à remettre les faces dans l'ordre initial avec un seul coloris par côté. Une résolution tactique en trois dimensions. Un régal solitaire où le joueur, confronté à lui-même, prenait la mesure de ses propres capacités – espace, temps, logique.

Les soirs de bonne humeur, M. Beaumont ouvrait son antre jalousement fermé à clé, et il en sortait son trésor. Tout en articulant les facettes avec une dextérité de chirurgien, il se détendait les nerfs. De temps en temps, les enfants avaient le droit de s'exercer, mais uniquement en sa présence. Ly comme les autres. Pendant de longues semaines, l'adolescent refusa de jouer et se contenta d'observer les joueurs. Chacun avait sa propre stratégie et se débrouillait plutôt bien. Un vrai moment de complicité entre père et fils, qui se terminait par des accolades viriles et de larges éclats de rires dont Ly était

---

1. Le Magic Cube inventé par Erno Rubik deviendra Rubik's Cube dans les années 1980. En 2009, le record du monde est détenu par un Hollandais en 7,08 secondes.

exclu. Un soir, comme il se tenait à l'écart, Pierre et Jean insistèrent plus que de coutume : «Allons, essaie. Ce n'est pas si difficile, tu verras.» Comme le garçon hésitait, Jean moralisa : «L'important, ce n'est pas de gagner, c'est de participer…» Malgré le sourire double qui accompagnait la réflexion, Ly finit par accepter. Il se mit à manipuler le puzzle couche par couche, méthodiquement. Sous le regard ombrageux des jumeaux, ses gestes rapides et sûrs donnaient l'extrême impression de la lenteur. Le temps semblait suspendu à ses doigts. Et puis soudain, sans que personne ne s'y attende, ce fut l'accomplissement. Ly posa le cube sur le bureau de M. Beaumont. Pour tout compliment, un silence de plomb salua sa réussite.

— Combien de temps il a mis ? bégaya Jean.

— Cinq minutes ! Comme moi ! s'extasia M. Beaumont. Fabuleux, n'est-ce pas ?
Ly venait de signer son arrêt de mort. Le soir même, les jumeaux tramèrent le complot qui ferait définitivement entrer Ly en disgrâce.

— On va faire disparaître le Magic Cube, et puis, on le fera accuser, décréta Jean.

— Mais comment ? On n'a même pas la clé de l'armoire.

— J'en ai fait faire un double.

— Un vol ! Génial ! Les parents ne pourront jamais lui pardonner.

— Ensuite, pour les punir d'avoir préféré un étranger à leurs propres fils, on disparaîtra. J'ai mis des vivres dans la cave. Un vrai blockhaus. Ils n'auront pas assez de toute leur vie pour nous regretter. Grand-Mère sera bien contente d'avoir eu raison avant tout le monde.

Lorsqu'il s'aperçut de la disparition du cube, le père entra dans une colère noire. Il convoqua d'abord ses fils, mais leur consternation les mit au-dessus de tout soupçon. Comment avait-il pu douter une seule seconde de ces petits anges ? À présent, s'ils savaient quelque chose, ils devaient parler. Offusqués, les garçons refusèrent toute délation. Ils n'avaient pas été élevés comme ça ! Après s'être bien fait prier, ils finirent par sortir le grand jeu avec aplomb. Ly était le seul fautif. Ils l'avaient vu faire. Comment s'était-il procuré la clé de l'armoire ? C'était un grand mystère. Mais le motif du forfait était évident : orgueilleux comme il l'était, il avait voulu s'entraîner en cachette, pour battre M. Beaumont en personne.

Pour rendre justice, la famille réunie forma un petit tribunal. On somma le présumé coupable de s'expliquer. On était prêt à tout lui pardonner. À lui donner une seconde chance. Mais il devait avouer. Contre toute attente, Ly ne chercha pas à se disculper, encore moins à se défendre. Non seulement les mots lui manquaient, mais il savait d'expérience qu'on ne change jamais l'autre. Après tout, s'ils interprétaient son mutisme comme un aveu, c'était leur problème. Pas le sien. Chacun sa voie.

Quant à l'injustice, simple question d'habitude. Le souvenir de son oncle, mis à genoux par les Khmers rouges, tué à bout portant d'une balle dans l'œil, lui revint à l'esprit. Abattu parce qu'il portait des lunettes, suspecté d'être un intellectuel. Pas même l'esquisse d'un faux procès. Pour quoi faire ? Quand on a droit de vie et de mort sur autrui… Il passa sa main sur son front pour chasser les images indélébiles. Non, il n'avait pas à se justifier. Après ce qu'il avait vécu, plus rien n'était grave pour lui.

Lucie avait tout vu. Sans bruit et sans intention, elle s'esquiva, se rendit dans la chambre de ses frères, en revint triomphante, arborant le cube comme une oriflamme.

— Où… Où l'as-tu trouvé ? bredouilla M. Beaumont.

— Dans le double fond du sac de Jean ! Je me demande bien comment il a pu arriver là, dit-elle en égrenant son rire de cristal.

Ils étaient démasqués, deux cibles vivantes qui ne pouvaient soutenir le regard de leurs parents. Terrassés par la honte et l'échec, ils s'enfuirent dans la nuit en poussant des hurlements de loup. La Seine était proche. M. Beaumont se précipita à leurs trousses. Mme Beaumont s'affala sur le sol comme un vieux sac. Elle enfouit la tête dans ses mains, se mit à sangloter à gros bouillons. Lucie regardait le cube sans comprendre.

Ly monta dans sa chambre, il jeta rapidement ses affaires dans une valise, ses livres surtout, et alla s'asseoir sur les marches du perron. Il entrait de nouveau en solitude, n'avait besoin de personne, surtout pas de pitié. Pour lui qui avait connu l'innommable, tout cela n'était rien. Depuis bien longtemps, il avait appris à vivre comme ça, avec toute cette souffrance. Surtout, pas un regard en arrière, au risque de se transformer en statue de sel.

Les Beaumont durent se rendre à l'évidence : ils avaient échoué. Non seulement ils avaient donné de faux espoirs à Ly, mais ils avaient chassé leurs propres fils de l'innocence. Pis, ils s'étaient méfiés l'un de l'autre, avaient mis leur famille à feu et à sang. À vouloir trop bien faire, ils n'avaient réussi qu'à engendrer la haine et l'exclusion. Maintenant, il fallait tenter de réparer, sachant que personne n'en sortirait indemne. La mort dans l'âme, ils se résolurent à inscrire Ly à l'internat du collège. Ils paieraient tous les frais de pension, continueraient de suivre l'adolescent jusqu'à la fin de ses études, mais de loin. N'imposeraient plus jamais d'étranger à leurs enfants.

Humiliés mais satisfaits, les jumeaux conclurent quelques arrangements avec leur conscience. Ils embrumèrent leur mémoire juste ce qu'il fallait pour reprendre leur chemin d'enfants sages.

Lucie garda Ly dans son cœur, comme un soleil en herbe.

★ ★ ★

«La vie est comme le fleuve. Il faut se laisser porter par le courant. Parfois des cailloux accrochent, parfois les eaux coulent toutes seules.» C'est ainsi que son père expliquait à Ly le cours des choses. Quand se cramponner? Quand laisser venir? À chacun d'en juger.

À l'école, il continua d'apprendre ses leçons par cœur. Une fourmi absurde, mue par l'espoir que le miracle adviendrait. Et il se produisit, un jour, sans prévenir. Lors d'un cours de français comme les autres, les mots prirent soudain un relief inconnu. Au lieu de rester inertes, comme à l'accoutumée, ils se mirent à palpiter comme des oiseaux. Subjugué, Ly se laissa un moment bercer par cette poésie. Alors, les sons gonflés de sens se transmuèrent en paroles intelligibles. La musique de la langue l'emportait dans sa voilure. Quel voyage! Ivre de plaisir et de reconnaissance, il contempla Mme Airelle. Elle le conduisait au grand large, vers un nouveau monde. Pourtant, il préféra garder pour lui son secret, pour s'en réjouir encore et encore. Lorsqu'il fut rassasié de cette joie première, il s'entraîna dans sa chambre jusqu'à l'épuisement.

C'est un lundi, jour de rédaction, que Ly dévoila son trésor. D'habitude, tandis que les autres composaient, il se contentait d'apprendre ses leçons, mais ce matin-là, il en fut autrement. Ly entra en écriture. Une calligraphie nerveuse, autonome, intarissable, semblait le posséder. Mme Airelle s'approcha, mais par respect, s'interdit de lire par-dessus son épaule. À la fin de l'heure, avec un sourire de mystère, il lui rendit sa copie devant la classe fascinée.

Le devoir était truffé de fautes, mais son sens était clair. Il racontait la déportation dans les rizières, les massacres, la faim, la disparition des êtres aimés. Les larmes et le sang. Sa mère très belle, emportée la première. «Vous savez bien ce qu'on faisait aux femmes…» Son père réfugié dans la forêt. Les trois enfants restés seuls à la maison. À lui, l'aîné, de porter sur l'épaule. C'était le sens de son prénom.

Tous les trois ou quatre jours, un mot paternel leur indiquait le lieu où ils trouveraient leur nourriture. Au pied d'un banyan, au creux d'un muret, près de l'échelle d'une maison abandonnée. Le père, invisible génie nourricier, assura ainsi leur survie pendant des semaines. Et puis un matin, un billet griffonné à la hâte leur disait d'aller chercher leur *yeay* dans le village voisin, et de fuir au plus vite, avant l'arrivée des Khmers rouges.

Le récit qui suivait était haché. Le pays entier transformé en camp de concentration. Le choléra. Les corps de sa grand-mère et de son frère gonflés, la peau noire. Des jours de labeur harassant attelé à une charrue comme un buffle, des nuits sans sommeil à entretenir le feu qui les sauverait. Un matin dans les champs, il avait entendu la plainte de l'oiseau *lôkok khmôch* qui recueille l'âme des mourants, il s'était arrêté net. La mort au bout, désormais familière. Les corps chéris, encore chauds, jetés dans le charnier.

Il n'était pas tombé malade grâce à la haine. N'avait jamais revu son père. Restait en vie pour sa petite sœur, Bopha. Ils avaient toujours été si proches, attachés comme pieds d'éléphant par des liens de rotin. Il se promettait de la retrouver. N'aurait de cesse de la faire venir en France. « Je m'appelle Ly et j'ai mille ans », concluait-il.

De ce jour, il joignit à chaque portrait de Mme Airelle, un texte sur sa vie d'avant. Grâce à l'écriture, il retissait son histoire, sortait de son exil intérieur, dressait un rempart contre la folie. Quand il conta à Mme Airelle les circonstances de sa fuite, leurs rôles s'inversèrent. Désormais, à côté de lui, c'est elle qui devint une enfant.

Un matin, comme il partait avec un petit groupe pour défricher la forêt, il découvrit des monceaux de cadavres secs. Des soldats de son âge, le crâne défoncé, le corps percé de balles. Réunis dans la mort. À cet instant précis, il prit sa décision. Il venait juste d'avoir douze ans, l'âge d'être enrégimenté. Il décida de fuir. Fuir plutôt que mourir. Mais comment faire sans même un tracé de la région ? Il ne connaissait pas son pays, n'avait quitté son village que pour être déporté. Après avoir mûrement réfléchi, il se rendit chez le *lok ta*[1], celui que l'on consulte avant toute entreprise pour connaître les jours fastes et les jours néfastes. Le vieux sage l'écouta attentivement, puis au lieu de répondre à sa requête, interrogea :

— Connais-tu l'histoire de cet enfant du monde qui voulait se transformer en oiseau *kun lok* ?

Comme Ly s'excusait de son ignorance, il poursuivit :

— Pour échapper à la méchanceté des hommes, ce garçon voulait devenir un oiseau. Il le souhaita si fort qu'un jour, son corps se recouvrit de fils de soie qui se dédoublèrent pour devenir duvet blanc. Le lendemain, ce duvet se transforma en plumes serrées. Puis ses pieds se firent griffes, ses jambes, fines pattes grêles. Ses doigts se palmèrent et ses bras se muèrent en ailes capables de prendre appui sur les épaules du vent. Enfin, un beau matin, il s'envola au sommet d'un banyan. Comme un groupe de villageois passait par là, il voulut s'adresser à eux. Mais au lieu de paroles, une mélodie aussi sublime que douloureuse sortit de son gosier. Effrayé, il se mit à voleter au-dessus des humains pour tenter de se faire entendre. Mais à son grand désarroi, ils s'exclamèrent : « Quel chant sublime ! On dirait qu'il veut nous dire quelque chose... Attrapons-le ! Il chantera pour nous chaque jour dans sa cage. » Que pouvait-il faire ? Il prit son envol et s'éleva si haut qu'il s'effaça bientôt de

---

1. *Lok ta* : connaisseur de secrets et conteur.

l'ardoise du ciel. Qu'en penses-tu ? demanda brusquement le conteur.

— Peu importe que l'on me comprenne ou pas. Je veux m'enfuir, répondit Ly.

— Sais-tu seulement que le cri de l'oiseau *kun lok* est le plus triste du monde ?

— Pas plus triste que ma voix d'aujourd'hui.

— Alors, écoute bien ce que j'ai à te dire. Je vais te confier le secret du chemin que tu désires tant. Je l'ai moi-même parcouru mille fois. Maintenant, je suis trop vieux. Cependant, prends garde ! Une trace écrite signerait ton arrêt de mort. Tu ne dois rien noter. Simplement graver tous mes mots dans les replis de ta mémoire. À présent, écoute bien et n'oublie rien. Tes souvenirs sont la clé de ta vie.

Il lui conta le chemin, la jungle, la montagne si haute qu'en tendant la main on pouvait toucher les nuages. L'eau toujours fraîche. La liberté. De ce jour, la mémoire de Ly devint indélébile.

Après avoir respiré le souffle de sa sœur dans son sommeil, il s'enfuit dans la nuit opaque. C'était la fin de la saison des pluies. Pour tout bagage, il emportait un coupe-chou et une hache. À l'épaule, un sac contenant une boule de riz, un peu de *prahoc*[1], et des *kautak*[2]. Il zigzagua

---

1. *Prahoc* : pâte de poisson pilé, fermentée et pimentée.
2. *Kautak* : « galette de route », riz cuit et séché que l'on emporte en voyage.

d'abord à travers l'échiquier des rizières, erra le long des routes, atteignit enfin les forêts profondes. Quand il eut épuisé ses réserves de nourriture, il mangea n'importe quoi. En oublia le goût du riz. Comme Brahmâ, il apprit à regarder dans quatre directions à la fois. Prêt à affronter l'éléphant furieux que rien n'arrête, le tigre assoiffé de sang, le cobra qui gonfle le cou. Et les mines posées par la main de l'homme.

La solitude des bois, au milieu de forces dangereuses et confuses, fit de lui un autre. Son air devint farouche, sa démarche se fit souple comme celle du félin que nul n'entend venir. L'humanité s'éloigna de lui. Il désespérait, mais il était vivant, c'est tout ce qui comptait. Et puis un jour, le destin lui envoya un signe. Un éléphant à peau blanche. Immense, surnaturel. L'animal avançait vers lui sans le voir. Il plissait ses petits yeux de myope bordés de longs cils, en s'éventant de ses larges oreilles. Lorsqu'il distingua le garçon, il souleva sa trompe comme pour boire le vent, exhiba ses gigantesques défenses, poussa un barrissement effrayant. Ly comprit que sa dernière heure avait sonné. Il s'immobilisa, ferma les yeux. Rentra en lui-même pour accueillir la mort comme il se doit. C'est alors que l'incroyable se produisit. Au lieu de charger, le pachyderme s'agenouilla devant lui, il l'enlaça, le déposa respectueusement sur son dos. Puis, d'un pas de sénateur, il le conduisit jusqu'à l'orée d'un camp de réfugiés. De ce jour, Ly comprit qu'une force invisible le protégeait.

Ensuite, le récit tournait court : «J'ai réussi à passer les frontières, concluait-il, mais aujourd'hui, ma vie, comme du sel lavé par la pluie des moussons, a perdu toute saveur. »

★ ★ ★

Il avait survécu, mais il ne pouvait plus aimer, rire, imaginer. Désormais, qui pouvait le comprendre? Lui parler de sa culture? Là-bas, les gens vivaient les uns chez les autres. Ici, les maisons, comme des prisons, étaient fermées à double tour. Il devait tout réapprendre. Faire taire ses souvenirs. Malgré lui, des rêves venaient le visiter, si présents qu'au matin, il devait se gifler pour les faire disparaître. Il se voyait dans son village, avec sa mère, son père, sa petite sœur Bopha. Comme avant. Ces bonheurs disparus constituaient le pire des tourments.

Une nuit, son père lui apparut en songe. Il tordait ses longs doigts en signe de supplication pour appeler au secours. Des images nettes, insupportables, qui s'imposèrent bientôt chaque nuit. Le sommeil devint impossible. Au bord de l'épuisement, il finit par se confier à David. Bien que le garçon fût plus jeune que lui, ils étaient tous deux sur la même longueur d'onde. Son ami l'écouta avec une attention extrême.

— Je vais te présenter mon grand-père, Haïm. Lui seul pourra te comprendre, conclut-il.

— Pourquoi lui plutôt qu'un autre ?

— À cause d'une phrase qu'il me cite souvent.

— Ah oui ? Quelle phrase ?

— Vous savez ce qu'éprouve l'étranger pour avoir été étranger au pays d'Égypte[1]. C'est dans la Bible.

— Et il y a tant de sortes d'exils, dit pensivement Ly.

— On est toujours l'étranger de quelqu'un, commenta David.

L'appartement où vivait Haïm lui ressemblait. Des livres ouverts à la page, des photos retournées, un accueil pour chacun. Le passé et le présent, ensemble, intimement mêlés. Quand il se retrouva seul avec le vieil homme, l'adolescent raconta.

— Mon père a besoin de moi, il m'appelle. Je ne peux plus dormir. Je ne peux plus rien faire.

— Que te demande-t-il ?

— Il a faim.

— Il a faim… La dernière image de mon père, vois-tu… Haïm s'arrêta, étranglé par des sanglots noueux. La dernière image, reprit-il. C'est le morceau de pain qu'il m'a mis dans la bouche. On était dans le

____
1. *La Bible*, « Exode », 23, 9.

camp tous les deux. Auschwitz. Deux baraques voisines. J'avais quinze ans. Il savait qu'il partait pour le crématoire. Il m'a donné son pain. « Mange-le pour moi, mon fils. Tu dois vivre. Vivre et raconter. » Le pain depuis, il est là. Là ! dit-il en se raclant furieusement la gorge. Je vis. Mais j'étouffe.

Haïm se mit à pleurer sans larmes. Ly acquiesça sans un mot.

— Dis-moi, quelle est la dernière image de ton père ? interrogea Haïm.

— Il se confectionne une chique. Sur une feuille fraîche de bétel[1], il étend un peu de chaux, puis pose par-dessus un morceau de noix d'arec.

— Tu vas lui donner ce qu'il te demande ! De la nourriture, du tabac. La paix.

Ils se rendirent tous les trois dans les bois voisins. Déposèrent au pied d'un chêne séculaire un plateau rempli d'offrandes. Du riz, des fruits, du tabac, du thé parfumé, de l'alcool. Puis Ly pria, Haïm médita, David s'imprégna de la mémoire des peuples.

De ce jour, son père ne revint visiter Ly que pour l'aider à vivre.

---

1. Bétel : plante grimpante qui prospère en Asie du Sud-Est. Le bétel désigne également le mélange de substances très actives dont on fait usage comme masticatoire tonique et astringent dans les régions tropicales.

* * *

Porté par ses professeurs et ses camarades, mû par une volonté de fer, Ly fit des progrès spectaculaires. En fin d'année, le conseil de classe décida de le faire passer directement en quatrième, puis il sauta encore une classe, si bien qu'en trois ans, il se retrouva en terminale avec Mme Airelle comme professeur de philosophie. Auprès d'elle, il se retrouvait en terre maternelle. Auprès de ses camarades au contraire, l'incompréhension n'avait fait que gonfler. Sa réputation de gagneur insubmersible le précédait. Sa réussite suscitait une envie nue et réveillait des craintes primitives. On le disait orgueilleux, insensible, inhumain. Face à ces sentiments boueux, il persistait à tracer son chemin en aveugle. Insecte inlassable, il essayait de tenir sa promesse. Devenir le meilleur afin que son pays d'accueil soit fier de lui.

Il continuait de voir ses anciens camarades de sixième bleue, mais désormais, leur différence d'âge se faisait trop sentir. N'ayant plus d'inconditionnel auprès de lui, il vivait de nouveau en solitaire. Les Beaumont continuaient de prendre en charge les frais de sa scolarité, mais ils ne lui donnaient que des nouvelles lointaines. Dans la cour de récréation, les jumeaux évitaient soigneusement de le croiser. Quant à Lucie, il savait qu'elle étudiait au collège des filles, dans une rue juste à côté, mais il ne l'avait pas vue depuis bien longtemps.

Malgré toutes ces difficultés, Ly se fit de nouveaux amis dès son entrée en terminale. D'abord Emmanuel, le frère aîné de David, qui se trouvait dans la même classe que lui. Puis Moulay[1] et Désiré, ses deux compagnons de chambrée à l'internat. Aucun d'eux n'était vraiment conforme. L'indépendance qui caractérisait Emmanuel le protégeait de toute tendance grégaire. Moulay et Désiré, comme Ly, avaient quelque chose à prouver. Moulay était musulman, d'origine kabyle. Son allure princière forçait le respect. Ses yeux indigo, ses boucles serrées, son teint mat faisaient craquer les filles. Lui n'en regardait aucune. Désiré avait laissé sa famille au Tchad. Son appartenance à l'ethnie Sara[2] était gravée sur son visage. Comme tous ceux de son peuple, ses joues striées de longues cicatrices signaient la marque de son initiation. Tous trois vénéraient la France, l'esprit républicain, la laïcité, les valeurs humanistes, la main qui leur était tendue. Pourtant, aux yeux de certains, leur faciès constituait déjà un délit, leur réussite, une provocation. Un clan mené par deux élèves, Antoine et Alexandre, ne cessait de les stigmatiser.

— Jusqu'où iront-ils ? ruminait Antoine. Aujourd'hui ils mangent notre pain, demain ils rafleront nos places

---

1. Moulay : prénom maghrébin qui signifie « monseigneur ».
2. Les Sara constituent une ethnie qui vient du sud du Tchad. Leur appartenance ethnique est marquée par des balafres qui strient leur visage. Cette marque de reconnaissance a permis à Hissène Habré de les persécuter.

dans nos bonnes écoles. Après tout, nos familles étaient là les premières.

— Les bougnoules, c'est la pire des invasions !

— Pas pire que le péril jaune !

— Avec tous ces étrangers qui se multiplient comme des lapins… Bientôt, on ne reconnaîtra plus notre pays.

— Et tout ça pour toucher l'argent des allocations familiales.

— Que leur père va boire au café.

— Emmanuel est avec eux. Lui non plus, il n'a pas des origines bien franches.

— Et puis, il n'a qu'à mieux choisir ses amis. Si les Juifs et les Arabes se mettent à pactiser, où va-t-on ?

— Tant qu'ils s'entretuaient, ça nous faisait des vacances.

— Quant au balafré, il ferait mieux de retourner dans sa brousse avec ses gorilles. Ici, on n'a pas besoin de nègres. On n'est pas chez les sauvages, terminait Alexandre en mimant une danse du scalp et en gesticulant comme un macaque pour amuser la galerie.

Les quatre amis sentaient que le feu couvait sous la cendre, mais ils préféraient ignorer ce fatras de préjugés. Un soir, comme Désiré revenait dans la classe pour y chercher un livre oublié, un événement inattendu lui fit prendre la mesure de la situation. Dans le couloir, il entendit une étrange litanie. Il hésita un instant, finit par entrouvrir la porte. Ce qu'il vit le stupéfia. Entourés d'une dizaine de camarades, Antoine et Alexandre étaient prosternés devant une idole que Désiré ne pouvait apercevoir. Les vapeurs d'éther et d'encens qui enveloppaient la scène lui donnaient une dimension surréelle. Le garçon s'approcha à pas de velours. Ce qu'il aperçut par-dessus les épaules courbées de ses camarades le laissa abasourdi. Sur le bureau du professeur, un chat noir à moitié anesthésié, les pattes attachées, se débattait mollement. Prêts à immoler l'animal, les sacrificateurs s'adressaient au Très Haut en direct : «Mon Dieu, faites que Ly, Emmanuel, Désiré et Moulay s'en retournent dans leur pays et qu'ils nous laissent notre belle France», imploraient-ils en chœur. C'est alors qu'une voix d'outre-tombe les stoppa net dans leur incantation : «Si vous vouloir, moi apporter vous poupées vaudous et aiguilles au curare. Moi en avoir plein ma chambre pour planter vous!» Interloqués, ils se retournèrent. Désiré, immobile comme une statue, un sourire narquois aux lèvres, les toisait en silence. Profitant de cet intermède, le matou dodelina de la tête, il ouvrit un œil, réussit à se déficeler. Sans demander son reste, il se redressa d'un bond, regarda à droite et à gauche, puis se volatilisa dans la nuit. Craignant une réaction violente de la part de l'Africain, les apprentis sorciers n'osaient réagir. Avec sa puissance animale et ses pouvoirs d'initié, il était bien capable de les massacrer, ou pire, de leur jeter un vrai sort. Et là, le bon Dieu ne leur serait d'aucune aide. Au lieu de tout cela, Désiré leur décocha un sourire de grenouille qui, fendant son visage d'une oreille à l'autre, diabolisa ses cicatrices. Puis il termina sur un timbre neutre : « Sur ce, salut les gars ! Moi et mes copains, on va préparer le prochain devoir de philo. Vous vous souvenez du sujet, j'espère ? La phrase de Sartre : "L'enfer, c'est les autres." Allez, je vous laisse entre vous. Bonne messe noire ! Mais attention que des pieds de bouc ne vous poussent pas pendant la nuit. Vous auriez du mal à enfiler vos chaussures demain ! »

Quand il raconta la scène à ses amis, ils se payèrent une bonne tranche de rire. Ce genre de niaiserie ne méritait pas leur attention, ils avaient bien d'autres projets en tête. Animés par la même rage de réussir, ils cherchaient au fond d'eux, les seuls vrais biens au monde. Ceux que chacun pouvait conquérir. Le courage, la force de travail, la dignité. Quant à la bêtise, ce n'était ni la première ni la dernière fois qu'ils la côtoyaient. Désormais, ils y feraient face ensemble. Serment de mousquetaires !

* * *

Le père de Moulay était ouvrier chez Renault. Il avait compris qu'en dehors de l'école, il n'y avait pas d'avenir pour ses enfants. Les heures supplémentaires, les fins de mois difficiles étaient effacées par les succès de son fils. Désiré, lui, était porté par toute une communauté. Il avait d'abord été le meilleur élève de sa petite école, puis tout le village s'était cotisé pour lui permettre de poursuivre ses études. Une merveilleuse chaîne de solidarité qui l'obligeait à ne pas décevoir. Le garçon était d'abord allé au lycée de la grande ville, puis il était parti en France pour préparer son bac. Plus tard, quand il retournerait au pays, nanti de diplômes et d'un bon métier, il rendrait au centuple ce qu'on lui avait donné. Moulay et Désiré voulaient devenir médecins. Ly rêvait d'enseigner l'histoire. Puisque le génocide avait voulu couper les ailes de la transmission, sa mémoire de survivant s'acharnait à transmettre. Encore et encore.

Le soir, dans la chambre austère, les garçons refaisaient le monde. Ils partageaient le même sérieux, ne parlaient pas de filles, mais d'amour. Se berçaient de poèmes d'Éluard et de Baudelaire. Connaissaient sur le bout du doigt leur Lagarde et Michard. Découvraient avec passion Jankélévitch et Bourdieu. Portaient sur la vie un regard trop adulte. Construisaient l'avenir avec force et raison. Ly finit par leur confier son vœu le plus cher :

— Ma petite sœur Bopha. Elle est vivante, je le sens. Je le sais. Je la retrouverai. Je la retrouverai et elle viendra ici, avec moi. À deux, on est déjà une famille.

— Méfie-toi de toi. Mon père dit que rien n'est plus douloureux que les faux espoirs, répondit Moulay.

— Tant que je n'aurai pas la preuve de sa mort, je considérerai qu'elle est en vie.

— Nous ferons tout pour t'aider, jurèrent-ils.

Ils tinrent leur promesse. Sur leur temps de sommeil, ils écrivirent des centaines de lettres, contactèrent des associations. Mais aucune réponse positive ne vint éclairer l'attente de Ly. Ce néant, pire que la mort, lui gangrenait l'âme. Ses amis tentèrent de le raisonner. Qu'il retrouve au moins la paix. Ly, d'habitude si mesuré, réagit avec une violence inouïe.

— J'aurais dû m'en douter ! Vous, vous avez toujours eu vos parents ! Vous ne pouvez pas comprendre.

— C'est vrai que nous avons de la chance, dit Moulay.

— Des fils à papa ! Voilà ce que vous êtes !

— Le chagrin te rend injuste, poursuivit calmement Désiré.

— Tu te fais du mal inutilement.

— Bopha, murmura-t-il comme si ce nom fut une caresse. Bopha, ne t'inquiète pas, je viendrai te chercher.

— Ly ! Il faut accepter la réalité.

— Quelle réalité ? Elle est mon dernier espoir de famille ! Je ne renoncerai jamais ! Jamais ! Vous m'entendez !

Il se recroquevilla et prit un air si farouche qu'il les obligea au silence. Une forteresse entre eux et lui. Il leur fallut du temps pour l'apprivoiser de nouveau, mais la confiance revint entière.

* * *

Le week-end, Ly et Désiré étaient invités à partager la vie familiale d'Emmanuel ou de Moulay. Chez l'un, on était juif et libre penseur, chez l'autre on pratiquait l'islam et on ponctuait ses phrases d'*inch'Allah* bien trempés. Chez tous, on se sentait français avant tout. La question qui revenait souvent était celle de la jalousie que suscitait Ly. Pourquoi lui plus que les autres? Il ne comprenait pas. Le père de Moulay décida de l'aider à réfléchir.

— Tu connais l'histoire de la montagne qui savait marcher? lui demanda-t-il à l'issue d'un bon repas.

— Non, mais je suis certain que vous allez me la raconter, se réjouit Ly.

— Écoute bien. Deux amis se promenaient en devisant sur le flanc d'une montagne : «Sais-tu quand l'homme arrivera à la perfection? interrogea le premier. – Vraiment, non, répondit le second. – Quand il ordonnera à la montagne de marcher et qu'elle le fera.» À ces mots, la montagne arracha ses pieds du sol. Devant les compères ébahis, elle s'ébranla lourdement, provoquant sur son passage des catastrophes sans précédent. «Doucement, montagne! Je ne t'ai pas dit de marcher! se rattrapa le malheureux. C'était une supposition, pas un ordre.» Alors, comment interprètes-tu cette histoire? interrogea de but en blanc le père de Moulay.

Et comme Ly restait silencieux, il poursuivit :

— Un immigré a toujours tort. S'il échoue, il n'avait rien à faire là. S'il réussit, il vole le pain des autres. S'il est médiocre, c'est bien tout ce qu'il mérite. La différence se paie très cher, vois-tu.

— Je sais. Mais pourquoi moi ?

— Contente-toi de faire le mieux possible, mais ne cherche plus à être parfait.

Ly n'avait confié à personne sa promesse de perfection.

— Mais… Comment savez-vous ? bredouilla-t-il.

— Il est des rêves qui peuvent se transformer en cauchemar, conclut-il énigmatiquement.

De ce jour, Ly eut l'orgueil plus modeste. Aux yeux des autres, il sembla plus humain.

★ ★ ★

Une période heureuse s'ensuivit. Jusqu'au jour où Lucie ressurgit dans sa vie comme un fragment de ciel. Comme il sortait du lycée en compagnie de Moulay et Désiré, elle l'attendait là, en jean et queue-de-cheval. Soi-disant pour lui donner des nouvelles des Beaumont, en fait, pour le revoir. Pendant toutes ces années, elle avait tissé autour de son absence des dialogues enflammés et des embrassements. Elle l'avait tant désiré qu'elle l'avait recréé rien que pour elle. Maintenant, ils étaient face à face. Incapables de se dire un mot. Lucie. Son rire de cristal, ses cheveux de blé mûr, sa démarche de fée. Son innocence. À cet instant, sans prévenir, son image incandescente embrasa le cœur des trois garçons.

Lucie ne vit que Ly. Ils se donnèrent rendez-vous, échangèrent des paroles tendres, se promirent l'un à l'autre. La vie de Ly devint aérienne.

Son printemps fut de courte durée. Un soir, il eut le malheur de confier son bonheur à Moulay et Désiré. Lorsqu'il sortit de la chambre, son sort était scellé.

— Il n'y a de veine que pour la canaille, cracha Moulay.

— Ce n'est pas tant une histoire de chance que de fierté. Après ce que lui ont fait subir Pierre et Jean… Comment peut-il ?

— Je ne vois pas pourquoi la sœur serait différente des frères, renchérit Moulay, tout en observant de côté la réaction de son camarade.

— Tu as raison. Bon sang ne saurait mentir.

— On voit qu'il n'a pas eu de père pour l'élever, sans quoi il aurait un peu plus de principes.

Leur mésentente enfla sans que Ly en prenne conscience. Un événement anodin, une méchante bronchite, mit le feu aux poudres. Cloué dans sa chambre, Ly avait demandé à ses amis de lui apporter le travail. Ils le firent avec zèle et avec le sourire. Pris par ses amours, Ly ne vit rien venir. Il semblait avoir oublié la complexité de l'âme

184

humaine. Avait perdu ce sixième sens qui, dans les pires moments, l'avait toujours protégé du danger.

Il réintégra la classe en pleine période de bac blanc. Dans le silence épais, le professeur distribua les sujets d'histoire avec solennité. Lorsqu'il en prit connaissance, Ly se sentit fondre. Rien ne correspondait à ce qu'il avait appris. Pendant des jours entiers, Moulay et Désiré lui avaient transmis un programme erroné. À présent, ils rédigeaient comme des forcenés alors que Ly séchait lamentablement. Pas même un regard vers leur victime, devenue transparente. Au lieu de se révolter, Ly se leva si lentement que ses mouvements semblaient décomposés. Puis, il posa sa copie blanche sur le bureau du surveillant, salua en joignant les deux mains, comme il faisait jadis. Pour la première fois de sa vie, ses résultats furent catastrophiques dans presque toutes les matières. Lorsque ses enseignants le lui firent remarquer, il se contenta de baisser la tête. Ses vieux réflexes étaient revenus. Recevoir des coups de couteau dans le dos sans frémir. Se renforcer intérieurement au lieu de se laisser couler. Prendre l'épreuve comme une expérience. Il savait faire.

Comprenant que la belle entente des mousquetaires était consommée, les autres se réjouirent :

— Quand les étrangers se détruisent entre eux, ça fait un autonettoyage, ironisait Antoine. Trois de moins, c'est toujours ça !

— Quatre ! N'oublie pas l'autre ! Le Juif. Le caché. Ceux-là, on ne voit même pas leurs différences, alors ils s'infiltrent partout, vomissait Alexandre.

Plein de douleur et de fiel, Ly se confia à Emmanuel, mais le garçon refusa de prendre parti. Il préférait les livres à toutes ces salades. Il lui conseilla de prendre ses distances, l'assura que l'amour de Lucie valait tous les amis du monde. Qu'il avait malgré tout la plus belle part. Que les choses finiraient bien par s'arranger.

★ ★ ★

Avec tous ces problèmes, l'atmosphère de la classe était à peine respirable. Elle devint carrément pestilentielle lors d'un cours d'histoire. Ce matin-là, M. Laborderie traitait la question des camps de concentration. Pour tenter d'aborder l'incompréhensible, il parla de peste brune, de honte, de responsabilité commune. Puis, il cita les chiffres qui annulent les hommes. Tandis que Ly et Emmanuel tremblaient d'émotion, il expliqua l'absurde logique du génocide, qui tente d'effacer les peuples avec toute leur mémoire. C'est alors qu'Antoine se leva, et sans se démonter, coupa :

— Monsieur ! Vous ne le savez sans doute pas, mais il s'agit de mensonges !

— Quoi ? Moi, je ne sais pas ? Vous voulez enseigner à ma place peut-être ? explosa M. Laborderie.

Puis se contenant :

— Et… on peut savoir d'où vous tenez de telles inepties ?

— On le sait, c'est tout. Du reste, ce sont les Juifs eux-mêmes qui ont inventé ce mythe, renchérit Alexandre.

— Vous devriez apprendre à distinguer un mythe d'un fait historique, intervint M. Laborderie.

Au lieu de répondre, Alexandre continua sur sa lancée. Se tournant vers les autres, il questionna :

— Et vous savez pourquoi ils ont imaginé tout cela ?

— Pour se faire plaindre, comme d'habitude, répondit Antoine.

Outré, M. Laborderie martela :

— Ce que vous venez de dire, cela porte un nom ! Vous savez comment cela s'appelle ? Du négationnisme ! Je ne tolérerai jamais de tels propos pendant mes cours. Du reste, ceux qui se taisent sont complices ! Moi, je ne mange pas de ce pain-là !

Emmanuel était pâle comme la mort. Cette fois, il ne pouvait se défiler. La majorité des élèves attendait passivement de savoir de quel côté le vent allait tourner. Craignant une contamination sourde, le professeur ajouta : « Quand je vous entends, j'ai honte d'être français ! Maintenant, je vous prive tous les deux de participation jusqu'à nouvel ordre. » Et comme les deux acolytes tentaient une ultime réaction, il ordonna : « Taisez-vous ! C'est moi qui parle. » La leçon se termina dans un silence insoutenable.

À la leçon suivante, M. Laborderie déposa une pile de documents sur son bureau. Il apportait les preuves. Factures de gaz ziklon, photos, témoignages. Antoine et Alexandre prétendirent que l'on pouvait truquer les images, transformer les propos. Étrangement, seules les factures de gaz les ébranlèrent. Les autres élèves, bouleversés, suivirent le professeur. Ils entourèrent Emmanuel et Ly, les criblèrent de questions. Demandèrent si Haïm accepterait de venir témoigner.

Tout semblait rentrer dans l'ordre, mais l'affaire n'en resta pas là. M. Laborderie avait-il informé Mme Airelle ? Toujours est-il qu'elle arriva à son cours accompagnée d'Haïm. Avant de lui donner la parole, elle invita les élèves à réfléchir sur une phrase de Nietzsche : « Les pensées qui mènent le monde arrivent sur des ailes de colombes. »

— Comment interprétez-vous cet aphorisme ? interrogea-t-elle.

— Certaines pensées peuvent être plus dangereuses que de la dynamite… à manipuler avec précaution, répondit Moulay.

— Elles peuvent faire basculer le monde dans un sens ou dans l'autre. Il faut faire attention. Le pouvoir des mots…, ajouta Emmanuel.

— Entre la barbarie et l'humanisme, il faut choisir. On est tous responsables de ce qui arrive. C'est vous les adultes de demain. Alors, à vous de décider, conclut le professeur. Maintenant, le grand-père de David va témoigner. Je vous demande de ne pas l'applaudir quand il aura terminé. Un témoignage n'est pas un spectacle. Haïm s'exprima avec des mots simples. De douleur retenue. De ceux qui lui avaient été arrachés. Ses quatre grands-parents, sa mère, sa fratrie. Ceux des camps. Jamais effacés. Jusqu'à son dernier souffle, il les ferait revivre. Mais n'en ferait jamais assez. Il raconta la mort, et puis aussi la vie, si bonne à prendre. Pour tous ceux qui n'avaient pu continuer. Pas de haine ni de pardon. Une incompréhension plus vaste que la mer – sans horizon. «Les enfants, restez en éveil! Ne laissez plus jamais faire ça!» exhorta-t-il avant de s'asseoir, épuisé. Après un temps de silence qui sembla une éternité, Antoine et Alexandre s'approchèrent : «Vraiment, on ne savait pas», balbutièrent-ils. Ils ne trouvaient rien d'autre à dire. Quelques élèves vinrent embrasser le numéro bleu tatoué sur l'avant-bras du vieux monsieur.

★ ★ ★

Et puis, il y eut ce cours où Mme Airelle proposa à sa classe de faire une expérience inspirée de la délibération sous voile d'ignorance[1] du philosophe John Rawls. Par là, elle voulait les amener à dénoncer des injustices universelles qu'ils refusaient de voir.

— Vous allez essayer d'imaginer une situation originelle où rien n'est encore décidé, proposa-t-elle. C'est une hypothèse, bien sûr. Vous pouvez tomber dans n'importe quel endroit du monde, à n'importe quelle époque, mais toutes les places doivent être pourvues. Maintenant, vous allez proposer des exemples de situations que vous ne voudriez jamais vivre.

Après un temps de réflexion, les réponses fusèrent.

— Être femme en Afghanistan.
— Avoir le sida en Afrique.
— Être dame pipi !

Et comme certains ricanaient, l'élève ajouta :

— Ce n'est pas un métier, dame pipi ! Comment la société peut-elle accepter cela ?
— Être beauf…, ironisa Alexandre.
— C'est ce que tu viens de dire qui est beauf, rétorqua Ly.
— Pourquoi allez-vous chercher si loin ? Le pire,

______

1. Délibération sous voile d'ignorance : théorie du philosophe américain John Rawls (1921-2002) qui demande aux individus de faire abstraction de leurs intérêts pour déterminer ce qu'un individu libre et égal pourrait accepter.

c'est d'être arabe, ici, en France aujourd'hui, répondit Moulay.

— Ou juif, ajouta Emmanuel.

— Ou noir, renchérit Désiré.

— Quand mon père entend : « Les bougnoules, tous des voleurs, des paresseux, des intégristes, des polygames qui battent leurs femmes… », qu'on lui envoie des crachats, des menaces… Alors qu'il a choisi la France. Que mon grand-père a fait la guerre pour elle, et que mon oncle est mort au front. Qu'est-ce qui est pire ?

— Toi ? Avec la tête que tu as… Tu es français ? demanda Alexandre interloqué.

— Peut-être plus que toi !

Alors, Mme Airelle proposa d'analyser les concepts. Après tout, c'était bien le travail de la philosophie. Elle expliqua ce que signifiait arabe, musulman, palestinien, juif, israélite, israélien, sioniste, négritude. Puis elle passa aux phobies : antisémitisme, judéophobie, islamophobie, arabophobie…

— Les Juifs comme les Arabes sont sémites. Quand on est antisémite, on rejette les deux. Un Arabe antisémite se haïrait lui-même. Un Juif anti-arabe aussi.

— Vous n'allez tout de même pas nous dire que les Arabes peuvent être juifs !

— Certains le sont, d'autres sont musulmans, chrétiens, athées…

— Et islamistes ! ajouta Antoine.

— Pratiquer l'islam, ce n'est pas être islamiste, précisa-t-elle tranquillement.

L'attention était à son sommet, une densité à couper au couteau.

— Mais madame, juif, ça se voit forcément sur la figure ! affirma un grand rouquin qui n'avait pas encore pris la parole.

— Regarde-moi ! répondit Emmanuel.

Et comme le garçon semblait le voir pour la première fois :

— Tu vois une différence entre moi et les autres ?

— Non…, répondit-il gêné. Mais quand même…

— Tu es roux. Sais-tu qu'il y a des Juifs roux ? Des Juifs noirs ?

— Des Juifs noirs ? répéta Antoine sidéré.

— Oui, ce sont les Falashas[1].

— Vois-tu, on peut être juif, chrétien, musulman, cultuel ou culturel. Ce qui importe, c'est de pouvoir vivre ensemble.

— Madame, vous ne pouvez tout de même pas nier qu'il existe des races, dit Alexandre.

— Pour les animaux, oui. Mais le mot « race » n'a aucun sens lorsqu'on parle de la famille humaine… Il y a un seul genre humain – et il est universel.

____

1. Falashas : Juifs d'Éthiopie.

— Alors, pourquoi garder le mot « racisme » si le mot « race » ne veut rien dire ?

— Vous avez raison… Il faudrait parler de la haine de l'autre.

— Ou supprimer ce sentiment. On peut toujours rêver…, dit Désiré. Chez moi, il y a une oraison qui dit : « Que la calebasse s'accorde avec le pot. Que les bêtes vivent en harmonie dans la paix. Que toute mauvaise parole soit extirpée et refoulée jusqu'au plus profond de la brousse, jusqu'au cœur de la forêt vierge[1]. » Pour nous, la tolérance, c'est le refus de la méfiance vis-à-vis de l'autre.

— « Humains, Nous vous avons créés d'un mâle et d'une femelle. Si nous avons fait de vous des peuples et des tribus, c'est en vue de votre connaissance mutuelle[2]. » C'est une sourate du Coran, répondit Moulay.

Un silence ébloui régnait sur le ciel de la classe. Un véritable état de grâce. Pour la première fois, ils se regardaient, s'entendaient, se comprenaient.

L'année se termina dans la sérénité. Chacun vit fleurir ses projets, et puis la vie les sépara.

★ ★ ★

---

1. Oraison guinéenne.
2. *Le Coran*, Sourate XLIX.

Novembre 1994. La tranquillité d'une banlieue résidentielle. Dans la cour du collège, l'automne accrochait ses dernières salves aux feuilles des marronniers. Ly allait commencer son cours d'histoire pour ses élèves de sixièmes bleues. Dans sa poche, une lettre qu'il avait mille fois relue sans comprendre. En fait, il n'avait retenu que deux mots. Bopha ! Vivante ! D'abord partagé entre l'éblouissement et la stupeur, il avait fini par s'effondrer dans les bras de Lucie. Puis lentement, s'était laissé couler à ses genoux, avait appuyé sa joue sur son ventre arrondi. Protégé par l'enfant qu'elle portait, il s'était laissé bercer par les mots de tendresse. Bien sûr que lui aussi avait droit au bonheur. Pourquoi pas lui ?

Tandis qu'il écrivait au tableau en caressant la missive dans sa poche, un sourire intérieur illuminait son cœur. C'est alors que quelques coups discrets résonnèrent sur le vitrage. Le directeur apparut dans l'encadrement de la porte, accompagné d'un nouveau. Tous les regards se tournèrent vers lui. Le garçon à la peau d'ébène semblait plus âgé que les autres. Son regard agrandi, sa bouche silencieuse, exprimaient l'au-delà du désespoir. Son allure suscita dans la classe une onde de curiosité bienveillante.

— Comment t'appelles-tu ? demanda Ly, en lui désignant une place qu'un élève venait de lui laisser spontanément.

— Je m'appelle Pascal et je suis rwandais. Ethnie Tutsi. J'ai perdu toute ma famille, dit-il dans un français impeccable.

— Et c'est où, le Rwanda, m'sieur ? demanda un élève.

★ ★ ★

Les mots pour le dire et le combattre

Trois contes qui illustrent ce que l'Humanité peut porter de peurs, de préjugés, parfois jusqu'aux haines meurtrières. Trois contes qui utilisent des mots pour dire le malheur d'être différent. Ces mots méritent que l'on s'y arrête. Ils sont pourtant d'un usage courant et ne devraient entraîner aucune mauvaise interprétation. Cependant, est-on sûr que nous y mettons tous le même contenu, que chaque mot veut dire la même chose pour chacun ? Et puis les mots ont une vie : ils naissent, deviennent d'un usage courant puis disparaissent ou prennent un autre sens. D'où l'idée de ce bref glossaire autour de quelques mots, peut-être plus importants que les autres. Il ne s'agit pas ici de définir un mot à la manière d'un dictionnaire. Il aurait suffi de recopier les définitions qui existent en variant telle ou telle formule. Il s'agit bien plus de montrer que les mots sont d'un usage parfois difficile et recouvrent des réalités souvent différentes, voire contradictoires. Qui veut se faire comprendre, c'est le premier pas des échanges entre les Hommes, doit donc utiliser des mots et en saisir le sens. C'est vrai d'une manière générale, cela l'est encore plus lorsque ce qui est en cause, c'est tout simplement la possibilité de vivre ensemble par-delà la diversité naturelle qui est celle de l'Humanité.

Il est probablement le premier mot qui vient à l'esprit : **racisme.** L'Humanité serait ainsi divisée entre différents groupes, les races, lesquelles seraient supérieures ou inférieures entre elles. Bien sûr, pour ceux et celles qui croient en cette division, la « race » à laquelle ils appartiennent serait meilleure que celle du voisin… En fait, au sens strict du mot « **race** » (le mot reste applicable dans le monde animal), tous les scientifiques s'accordent pour dire que l'Humanité ne forme qu'une seule espèce et que sa division en « races » ne repose sur rien, tant les différences d'une partie du monde à une autre sont insignifiantes. C'est pourtant au nom de cette fausse distinction que se sont produits les pires crimes. Ce non-sens scientifique du mot « race » appuie ce que pressentaient déjà les révolutionnaires de 1789, qui proclamèrent dans l'article premier de la Déclaration des droits de l'Homme et du Citoyen du 26 août 1789[1] l'unité de l'Humanité : « Les Hommes naissent et demeurent libres et égaux en droit. » Aujourd'hui, le racisme est universellement reconnu comme une atteinte

---

1. Consultable sur le site www.ldh-france.org dans la rubrique « Textes fondamentaux ».

à l'Humanité au point d'être interdit par une convention internationale[1]. Constatons enfin que le mot ne va pas sans contradiction. Bien que ne recouvrant aucune réalité scientifique, le mot est passé dans le langage courant au point de définir aussi son contraire, l'**antiracisme**, c'est-à-dire le fait de combattre cette division de l'Humanité en « races » et de refuser toute inégalité entre les membres de la famille humaine.

Et les objets du racisme sont nombreux et divers. On a longtemps discuté pour savoir si les Indiens d'Amérique avaient une âme, puis si les Noirs en avaient une… Ceci a d'ailleurs permis de justifier l'**esclavage**, c'est-à-dire la possibilité d'acheter, de vendre et d'exploiter un être humain, le réduisant à un simple outil. Chaque groupe humain a été, d'une manière ou d'une autre, à une époque où à une autre, victime du racisme. Sans remonter trop loin dans l'histoire de l'Europe, les **Juifs** ont été victimes d'une haine particulière. Juif ou **Israélite** ? Les deux mots désignent la même réalité, si ce n'est que le second renvoie directement à la religion. Mais qu'est-ce qu'être Juif ? Une religion ? Une culture ? Une situation sociale ? Un mélange des trois ? L'histoire, la sociologie, etc. ont consacré des centaines de milliers de pages à tenter de donner une définition d'une réalité

---

1. Convention de l'ONU du 14 décembre 1965 consultable sur le site www.ldh-france.org dans la rubrique « Textes fondamentaux ». C'est aussi un délit en droit pénal dans la plupart des pays.

qui ne se laisse pas enfermer dans une seule approche. Ce fut en tout cas la première religion monothéiste[1] de l'Histoire, portée par un peuple lui-même divisé en plusieurs tribus. Déportés de Palestine par les Romains en 70 après Jésus-Christ, les Juifs migrèrent un peu partout jusqu'aux confins de l'Asie. Victimes d'une discrimination généralisée en Europe à l'initiative des Églises chrétiennes, ils devinrent l'objet d'un racisme radical à la fin du XIXe siècle. C'est l'**antisémitisme** qui fait des ravages dans toute l'Europe et jusque sur les autres continents. Au sens strict, l'antisémitisme exprime la détestation des peuples sémites dont les Juifs ne sont pas les seuls représentants. Les Arabes du Proche-Orient sont aussi des sémites. Dans le langage courant, en Europe, il désigne cette doctrine qui fait des Juifs la source du mal. Le **nazisme**, doctrine née en Allemagne et fondée sur l'antisémitisme, la supériorité raciale et la dictature politique, tentera d'éliminer les Juifs vivant en Europe en perpétrant le deuxième **génocide**[2] du XXe siècle (entre 5,5 et 6 millions de morts). En **diaspora**, c'est-

---

1. C'est-à-dire ne croyant qu'en un seul dieu.
2. Extermination systématique d'un groupe humain. Le premier génocide du XXe siècle fut celui commis par le gouvernement turc à l'encontre des Arméniens. Le second fut commis contre les Juifs, le troisième au Cambodge par les Khmers rouges contre leur propre peuple et le quatrième au Rwanda contre les Tutsis. Sans compter les crimes de masse commis par exemple par Staline au temps de l'URSS ou, plus récemment, lors de la guerre en ex-Yougoslavie.

à-dire dispersés à travers le monde (comme les Arméniens, les Palestiniens ou d'autres encore), une partie des Juifs ont souhaité créer un État. Cette volonté de vivre en tant que nation s'est exprimée au travers d'une doctrine qu'est le **sionisme.** Tous les Juifs n'ont pas participé à ce mouvement, pas plus hier qu'aujourd'hui. On ne saurait donc assimiler les Juifs qui vivent ailleurs qu'en Israël à la politique de cet État, lequel fut créé en 1948 en Palestine, par une décision des Nations Unies. Vivaient en Palestine des Juifs et des Arabes chrétiens ou musulmans. Le partage de ce territoire entre Juifs (y vivant déjà ou venus s'y installer) et Palestiniens arabes a généré un conflit qui dure encore aujourd'hui. C'est l'absence d'État palestinien et l'occupation des territoires où il devrait exister qui conduit à la poursuite du conflit.

Si l'antisémitisme tient une place particulière dans l'histoire européenne en raison des persécutions millénaires qui ont eu lieu et du paroxysme qu'a constitué la **Shoah** (la catastrophe en hébreu), il n'est qu'une des formes du racisme qui continue de sévir partout dans le monde. En France, d'autres communautés en sont aussi victimes. Toutes les enquêtes montrent que les **Arabes,** nés en France et devenus français ou immigrés, font l'objet d'une certaine forme de rejet. Les Arabes portent le nom d'une langue parlée au Moyen-Orient et en Afrique du Nord. Contrairement aux idées reçues, si la très grande majorité d'entre eux est musulmane, une minorité est chrétienne. Les populations issues d'Afrique noire et plus généralement les **Noirs** vivent la même situation. Ce racisme-là trouve sa source dans d'autres mécanismes que l'antisémitisme, même si, pour ceux qui le subissent, le résultat est toujours le même. Nombre de personnes d'origine arabe ou venues d'Afrique noire sont issues des anciennes colonies françaises. La France, dès le XVIIIe siècle et jusqu'en 1962, a colonisé divers territoires d'Afrique et d'Asie. La **colonisation** a entraîné l'appropriation de territoires par la France et la domination des populations qui y vivaient. Il s'en est dégagé un sentiment de supériorité sur ces populations qui n'a pas disparu jusqu'à aujourd'hui.

Mais, au-delà des conséquences de l'Histoire, un autre facteur entre en jeu. C'est le fait religieux car nombre de ces personnes pratiquent l'**islam**. L'islam est, dans l'ordre chronologique, après le judaïsme et le christianisme, la troisième religion monothéiste. Elle reconnaît le même dieu et les mêmes prophètes que le judaïsme et le christianisme mais soutient que Mohammed est le dernier prophète qui porte la véritable parole de Dieu au travers d'un recueil de préceptes reçus par le prophète directement de Dieu, le Coran. Cette religion est pratiquée par plus d'un milliard de personnes dans le monde (1,3 milliard environ). Il n'est pas question de discuter ici de la justesse de cette religion ou d'une autre. La

France est un pays **laïque**[1]. La **laïcité** implique que la religion soit séparée de l'État, c'est-à-dire que les différentes religions ne dictent pas la politique menée au nom de l'ensemble de la nation. Elle implique aussi que chacun soit libre de pratiquer la religion de son choix, d'en changer ou de n'en pratiquer aucune. Pourtant, au nom du droit incontestable de critiquer l'islam, comme de critiquer toutes les religions, certains en arrivent à soutenir que les personnes de confession **musulmane** (qui pratiquent l'islam) ne peuvent vivre en France sauf à abandonner leur foi. C'est là aussi une manifestation de racisme. S'agit-il d'**islamophobie ?** Ce mot de création récente qui veut marquer le rejet de l'islam en tant que religion ne rend pas compte de la totalité du phénomène de racisme qui touche ces populations.

Le peuple français n'est pas fait d'un seul bloc dont l'identité serait invariable. Il est composé des apports les plus divers venus des cultures les plus variées. Ces étrangers d'origine se sont à la fois intégrés et ont, en même temps, fait bouger en permanence notre société par leur diversité. Les **immigrés**, venus s'installer en France et aider à la construire, ces **réfugiés**, qui fuient la persécution et cherchent asile dans notre pays, ont enrichi notre société. Les rejeter au nom de leur **altérité**, parce qu'ils

---

1. Loi du 9 décembre 1905 sur la séparation des Églises et de l'État consultable sur www.assemblee-nationale.fr/histoire/eglise-etat/sommaire.asp

seraient différents, c'est tout simplement oublier qu'ils sont une partie de la France de demain, c'est faire preuve de **xénophobie**, cette haine des étrangers. C'est ouvrir la voie au racisme.

Quelles que soient les manifestations du racisme, elles constituent des **discriminations** qui sont réprimées par la loi. Refuser de louer un logement en raison de l'origine de quelqu'un, lui refuser un emploi parce qu'il ou elle pratique telle ou telle religion, sont autant d'atteintes portées à un des principes essentiels de la République : l'**Égalité**.

Mais l'origine ou la religion ne sont pas seules en cause dans cette rupture du lien d'égalité. L'âge, l'état de santé, le handicap, les mœurs, les opinions politiques, les engagements syndicaux, l'orientation sexuelle : voici autant de mauvaises raisons pour discriminer, pour empêcher chaque individu de vivre comme il l'entend dans le respect des règles communes.

Quant il ne s'agit pas du sexe… Ici, on ne peut plus évoquer le racisme car le groupe humain discriminé par le **sexisme**, c'est la moitié de l'Humanité. L'inégalité entre les hommes et les femmes ne résulte pas des différences naturelles qui existent entre les sexes mais bien d'une construction sociale millénaire qui part du principe de la domination masculine. De nombreux pays connaissent encore des lois inégalitaires qui font des femmes des êtres sous tutelle ou qui ne bénéficient pas des mêmes droits que les hommes. Et même lorsque, comme en Europe, les lois affirment l'égalité entre les sexes, la réalité quotidienne vécue par de nombreuses femmes reste très éloignée des principes officiels.

Le racisme, les discriminations, la xénophobie, le sexisme ne sont pas seulement des mots, ce sont des mots qui peuvent tuer. Il faut y répondre, construire autre chose que cette peur permanente de l'Autre qui, de proche en proche, finit par faire que l'on se méfie de son voisin, que l'on ne vit pas en **communauté**, ces regroupements humains aux objectifs les plus variés, mais en rivalité avec chacun. Il ne s'agit pas ici de figer les communautés humaines en un **communautarisme** qui enfermerait chaque individu dans son groupe et finirait, là encore, par créer des communautés rivales. Il s'agit de construire une société qui accueille chaque individu dans le respect d'une règle commune. **Tolérance** dit-on. La tolérance est déjà un premier pas dans l'acceptation de l'autre dans sa différence mais cela ne suffit pas, car tolérer, c'est encore ne pas regarder l'autre à égalité. L'**Égalité**, deuxième terme du triptyque de la devise de la République : Liberté, Égalité, Fraternité. Il y a dans ce mot, non le fait que nous devrions tous être identiques, mais le fait que nous devons avoir tous les mêmes droits et les mêmes possibles, qu'aucune discrimination n'est acceptable, que seuls nos mérites personnels devraient déterminer notre avenir. Répétons cet article premier de la Déclaration des droits de l'homme et du citoyen de 1789 : « Les hommes naissent et demeurent libres et égaux en droit », et « en dignité », ajoute la Déclaration universelle des droits de l'homme du 10 décembre 1948[1]. Cette **dignité** rejoint la **Fraternité** qui figure dans la devise républicaine. Nul n'est, en effet, assuré de sa dignité, c'est-à-dire du respect dû à ses droits fondamentaux, si, en même temps, il n'est pas prêt à en faire de même pour son frère en humanité. Refuser le racisme, le combattre, c'est avant tout se respecter soi-même.

★ ★ ★

Michel TUBIANA,
Président d'honneur
de la Ligue des droits de l'Homme

---

1. Consultable sur www.ldh-france.org dans la rubrique « Textes fondamentaux ».

Biographie des auteurs

Évelyne Lagardet est professeur de philosophie. Elle enseigne également la philosophie aux enfants et aux adultes. Elle est auteur du roman *Un rêve français* chez Flammarion.

Michel Tubiana est Président d'honneur de la Ligue des droits de l'Homme. Il est membre du comité exécutif du Réseau euro-méditerranéen des droits de l'Homme (REMDH) et Secrétaire général de la plate-forme Euromed.

Sommaire

conception
réalisation
mise en page

pca

44405 Rezé cedex